力，但笔者要说：

"从现在开始，放弃开发新客户！"

大家都知道"第二口气（second wind）"这个词，当我们跑马拉松或进行体育运动时，刚跑一阵后会感到呼吸困难，但如果我们挺过这个痛苦的极限点就能进入身心愉悦的状态。

运动刚开始后人体尚未摄取足够的氧气，所以会突然感到痛苦，我们称之为"极点、生理极限点（dead point）"。一段时间后体温上升、氧气的吸入量也保持均衡，身体会瞬间感到舒畅。这就是"第二口气"。

营销活动也一样。对于新顾客，最初我们能凭借干劲和热情获得订单。如果趁热打铁再接再厉，拿下客户的第二笔订单也并非难事。因为很多情况下顾客认为营销人员的盛情难却，"既然都说到这个份儿上了，那么就再合作一次吧"，于是达成交易。

然而，第三次合作时客户会提高选择眼光和要求，一直以来进展顺利的合作出现了急刹车。必要的氧气不足……即卖方暴露出了许多弱点，如信息收集能力差导致解决顾客需求的创新能力不足。许多营销人员因为遇到了瓶颈而最终选择放弃。

如何才能挺过苦痛、进入"第二口气"？这便是本书的主旨。

笔者亲身实践过不开发新客户的营销方法，如今笔者的培训活动在几家公司都取得了成果。依靠回头客提升销售额——请你一定要实践这个方法！

如果你成功跨越了"第三次成交"的壁垒，等待你的就是订单接踵而至的"Runner's High"。

那些好久不见的顾客，那些重复订购同样产品的老顾客，你是不是想起了他们？

他们也正等着你提出新的营销企划方案。

读完本书后，请再度拜访你的客户。愿你能将笔者介绍的方法活学活用！

村山哲治

"十三五"国家重点出版物出版规划项目

图解服务的细节

048

一度売ったお客様に、三度売りなさい！

让头回客成为

回头客

〔日〕 村山哲治 著

姜瑛 译

人民东方出版传媒
People's Oriental Publishing & Media

东方出版社
The Oriental Press

图书在版编目（CIP）数据

让头回客成为回头客 /（日）村山哲治 著；姜瑛 译.—北京：东方出版社，2016.9
（服务的细节；048）
ISBN 978-7-5060-9221-0

Ⅰ.①让… Ⅱ.①村…②姜… Ⅲ.①销售学 Ⅳ.①F713.3

中国版本图书馆CIP数据核字（2016）第227626号

ICHIDO UTTA OKYAKUSAMA NI, SANDO URINASAI! By Tetsuji Murayama
Copyright© T. Murayama 2012
All rights reserved.
Original Japanese language edition published by Nippon Jitsuyo Publishing Co., Tokyo.
This Simplified Chinese edition published by arrangement with Nippon Jitsuyo Publishing Co., Tokyo in care of Tut-
tle—Mori Agency, Inc., Tokyo
through Hanhe International(HK)Co., Hong Kong.

本书中文简体字版权由北京汉和文化传播有限公司代理
中文简体字版专有权属东方出版社所有
著作权合同登记号 图字：01-2015-7695号

服务的细节048：让头回客成为回头客
（FUWU DE XIJIE 048:RANG TOUHUIKE CHENGWEI HUITOUKE）

作　　者：［日］村山哲治
译　　者：姜　瑛
责任编辑：吴　婕　高琛倩
出　　版：东方出版社
发　　行：人民东方出版传媒有限公司
地　　址：北京市东城区东四十条113号
邮政编码：100007
印　　刷：北京楠萍印刷有限公司
版　　次：2016年10月第1版
印　　次：2016年10月第1次印刷
印　　数：1—6000册
开　　本：880毫米×1230毫米 1/32
印　　张：6.875
字　　数：137千字
书　　号：ISBN 978-7-5060-9221-0
定　　价：38.00元
发行电话：（010）85924663　85924644　85924641

序

你喜欢现在的营销工作吗？

你是否感受到了营销工作的价值？

我们向顾客介绍商品和服务后，对方当场欣然地购买。那份喜悦，能够让我们尝到这份工作的甜头，而且在我们道一声"多谢惠顾"之前，顾客的那句"谢谢"已经飘入耳际。

我们之所以能够满足客户的需求、让对方欣然地购买，我相信这并不是出于"必须推销出去"的使命感和义务感，而是凭借我们内心深处想看见客户微笑的单纯愿望。

带着这种想法去工作，我们会感受到充实和愉悦，也会产生"棒极了！接下来要更加努力"的前进动力。

笔者现在经营一家以营销培训和咨询工作为主打业务的培训公司"人格教育中心"，笔者自己也作为讲师奔走在日本全国各地。笔者从初执教鞭至今已有20年，接触的营销人员已逾两万人。

除培训的工作，笔者还经营着TOKYO DOORS股份有限公司，主营网页制作咨询。

这家公司成立至今已近15年，既没有发放过小册子或传单，也没有为促销投寄过广告函件。至于经营内容，我们不过是建立了个网站而已。

营销培训创立的公司居然不开展经营活动，有这样的道理？

你是怎么招揽活儿的？

迄今为止，笔者已经被这样问过无数次。

每次笔者都会回答："工作不是招揽来的，放弃开发新客户吧！"

那你究竟是如何办到的？

对方越发地一脸迷惑。

让我开宗明义吧，只要让下过一次单的顾客至少重复下三次单即可。

当营销活动遇到瓶颈时，有两大突破方法。

一是自己再接再厉；二是另寻出路。

前者通过提升自身业务技能来磨炼"开发新客户"的营销能力，后者则另辟蹊径，"让头回客购买三次！"这也是笔者的推荐。

许多公司一提到强化营销能力就会联想到开发新客户的能

目　录

第 3 章　编写"营销剧本"，老客户就能一一"复苏"

第 4 章　"提问的能力"，让接单率有飞跃性的提升

第 5 章 "洞察力"，让接单的要点"可视化"

第 6 章 "提案力"帮你搞定头回客

第 7 章 "演说能力"，让不善言辞的你拿下订单

第 1 章

从现在开始，放弃开发新客户

开发新客户的汗水和努力真的有回报吗？

开发新客户是营销人员的一项重要工作，但这项工作不会立即带来订单或促成交易，甚至在我们主动联系客户后得到的也只是冷眼相待，这对营销人员的身心来说都是煎熬。

笔者在白领时代接受过为期五年的员工培训，却并未取得营销指南书作者宣传的华丽业绩。但笔者对营销术进行了 20 年以上的研究，之后通过营销培训和咨询服务将自己的研究成果提供给诸多公司，最终这些公司都连续取得了营业额增长率高达百分百的好成绩。

笔者并没有特殊的技巧，但本书中笔者要提出一个方法论。"从现在开始，放弃开发新客户！"

笔者刚成为销售人员时尚不知何为营销。回想那时，笔者从早上开始就只顾着和新客户预约会面时间，这成了每日必做的功课。

说实话，那是份提不起干劲的工作。名单上只有法人名称和显示对方公司规模的数字，以及电话号码。笔者先联系负责部门，再联系相关负责人，10 通电话里有 1 通能够顺利完成目标就谢天谢地了。有时对方的负责人接起了电话，但不待我做介绍已经挂断了电话。日子就在这样的重复中流逝。

笔者也会经常受命直接去新客户的公司上门推销。公司的新人之间会比赛，看谁能在指定的地区拿到更多的名片。因为没有预约，所以笔者只能在接待处和前台耗着，好不容易见到了负责人，还要一边忍受着对方诧异的眼神一边交换名片。那时候笔者完全没时间去思考"为什么要开发新客户"之类的问题。

我们为什么要开发新客户呢？从经营学的角度来看，大致有三个理由。

第一，为了填补既有客户流失的空缺。换句话说，这样做是为了维持营业额或市场占有率。

第二，为了扩大市场份额。为了提供更好的商品或服务，为了在竞争中脱颖而出，我们必须扩大事业规模、提升销售额。

第三，为了通过营销活动扩大公司、商品、服务的知名度，或打造品牌。我们认为，即使开发新客户不能立即拉动销量的增长，但不断地联系新客户这一行动本身也有其意义。

然而开发新客户也会给营销人员带来身心的疲惫，使他们干劲低下等。此外，强买强卖导致信用缺失的案例也屡见不鲜。

笔者认为，营销活动是一项伟大的工作，它让我们解决客户所需，帮助我们赢得客户的感谢。所以笔者下决心提出自己的意见：为什么不尝试放弃开发新客户呢？

- 因为开发新客户，"被拒绝"成为了工作内容
- 因为开发新客户，对工作的热情减退
- 人事费＋经费远远超过开发新客户带来的营业额

如果你的情况符合以上任意一条，那么笔者可以断言，开发新客户降低了你的营销效率。你还有必须开发新客户的理由吗？

"呀，不开发新客户，总觉得有悖常理啊！"

"大家都在拼命拉新顾客，只有我放弃了不会有效果吧……"

笔者似乎听见过这样的声音。

如果我们不开发新客户，只靠现有客户就能达成预算目标呢？这样的话你应该能安心吧。如果从身心的痛苦中得到解放，营业额也能不断攀升，那么营销工作就能变成一桩乐事吧。

① **为了填补既有客户流失的空缺**

公司的营业额由顾客数量和销售单价决定。

> 营业额＝"客户数量"×"成交次数"×"销售单价"

据说客户数量一般每年减少20%左右。

② **为了扩大市场份额**

公司要在市场内和新加入者竞争，市场本身也会缩小。

没有独自的技术和特色，公司在市场所占的份额势必会减少。

③ **通过营销活动扩大公司、商品、服务的知名度**

- 通过开发新客户为公司做宣传。
- 通过开发新客户确认客户的反应。

图1　必须开发新客户的三个理由

　　放弃开发新客户的妙处在于客户会主动找上门来。或许你会想："别痴人说梦了！""不可能！"但只有你先抛弃定式思维，才能获得实践此营销方法的门票。

　　来吧！放弃通过开发新客户而取得的可怜的成果，干一番让顾客真正满意的营销事业吧！

开发新客户的成本是维系老客户所需成本的五倍

笔者出于两大理由劝各位放弃开发新客户。

首先，它耗费成本。一般说来，开发新客户的成本是维系现有客户所需成本的五倍。

针对老客户的营销活动有续约、售后维护、追加订单、改订新产品等，我们能以各种形式从同一客户获得营业额和利益。如果要从新顾客处获得相同的利益，我们需花费五倍的成本。

其次，开发新客户会影响营销人员的干劲。

营销人员必须拥有非常积极的思维能力和交流模式才能针对顾客需求提出相应的解决方案，有时还需要向客户描绘蓝图、增加客户的下单勇气。

客户评价与公司考评是员工正能量的源泉。但开发新客户时对方不理不睬，回到公司后还一直被催促"多去跑几笔订单"，这样只能浪费精力。

理由 ① 开发新客户所需成本

- 雇用营销人员的招聘广告费
- 开发新客户的员工培训费（公司内部、公司外部）
- 营销人员的人事费、交通费、办公室费（房租）
- 营销经费（磋商时的茶叶费）、通信费（电话、手机、PC 等）
- 设备、消耗品费（宣传册、办公用品类）
- 捆包运费（邮票、宅急送等）

维系老客户
所需成本的五倍！

理由 ② 营销人员的干劲低落

- 营业技巧的下降
- 处理事物的能力、行动力、发现问题—解决问题的能力、演说能力

- 干劲低落
- 达成目标的能力、压力管理能力、交流能力

- 时间限制的增加
- 花费时间多成效却甚少、需加班处理工作事物

使员工干劲低落
甚至产生离职的念头

图2　放弃开发新客户的两个理由

　　维系老客户比开发新客户更易出成果，也不会耗费营销人员的精力。因此，为了营销活动的顺利开展应当做老客户的生意。

说得再详细一些，专注于老客户的生意可以取得图 3 所示的十个效果。

① 轻松拿到预约

② 能迅速开展营销活动

③ 因为已经和老客户建立了商贸往来关系，所以容易交流

④ 对方对自己公司怀有好意

⑤ 不论介绍自己公司还是打听对方情况，我们都只需花费最小限度的努力

⑥ 介绍公司情况和寄送广告函件时可以采用最低限度的方法手段

⑦ 容易收集对方的各种信息

⑧ 容易抓住对方的需求

⑨ 能短时间内提升销售额

⑩ 能提升员工的士气

图3 专注老客户生意的优点

一两次成交是平常事，第三次成交才是真本事！

我们常用"有二必有三"来形容一种现象接连发生后易持续下去的状况。

但这个说法并不适用于营销活动，"有一必有二"更符合实情。第一次交易时，营销人员格外热心，客户也非常关注产品，在某种意义上两者处于互相看到对方优点的"蜜月状态"。这种状态虽持续不到一年，但只要双方处在蜜月状态中，第二次成交也容易成交。然而，第三次成交呢……

第三次合作时，客户冷静下来开始听取周围的评价和意见，自己也能够做出客观判断。另一方面，营销人员逐渐呈现出迎合客户的强烈倾向，所以暴露出无法深入捕捉问题和解决问题的弱点。

于是"蜜月状态"面临终结，成交双方貌合神离，一直顺利进行的交易陷入了僵局。这便是"第三次成交的壁垒"。

遗憾的是，营销人员总是沉浸在第二次成交时的成功体验，即"蜜月状态"中无法自拔，在第三次成交的壁垒上撞得头破血流却不知所措。和男女关系很像吧？你是不是也这样将好不容易达成交易的头回客"休眠化"并最终疏远了对方呢？

如今，家电的销售方式和十年前相比有了很大改变，顾客购买家电的主流方式是按照自己的条件在网上检索、比较后挑选价格更便宜的物品，或在参考网络价格后去量贩店购买。受到这样的冲击，街边电器店的数量也在骤减。

然而，现在街边依然有电器店顽强地生存着，从他们身上我们能学习一种营销类型。街边电器商店的成交并不是为迎合消费者的兴趣或需求，他们是靠回头客维持经营。

这些店里的电器价格确实高于大型量贩店，但他们并不靠价格一决胜负，他们主要考虑如何通过电器让顾客的生活变得更加舒适、便利、安全。

电器商店店员："女士，您家的微波炉是不是最近噪音变大了？"

顾客："经您这么一说，噪音确实比以前大些。"

店员："您家的孩子也长大了，是不是使用微波炉的次数比以前多了？"

顾客："没错。孩子正是长身体的时候吃得多，我们经常用微波炉烹饪，但这台微波炉有些小啊。"

店员："如果是这样，我们店里有一款微波炉，尺寸虽然大，但它能分两层使用，还很省电呢。"

假设街边电器商店的店员去为顾客上门安装空调时，发现顾客家的微波炉已经过时且不便使用，就会开始这样的对话。

因为店家和顾客是老熟人，所以他们能够发现顾客的需求并提出一针见血的建议。此处就不存在"第三次成交的壁垒"。

我要强调一点，请不要把销售商品当作与客户交流的前提。若以成交为前提，对方便会设防，商谈时也会变得慎重。如果我们基于顾客的生活方式提出建议，那么就能够与顾客站在同一立场进行交谈。"同一立场"是关键！

想要依靠头回客提升销售额、冲破"第三次成交的壁垒"，我们首先要审视迄今为止自己与客户交流的模式，寻找再度与客户产生交集的契机。

模式1　交易活动结束，成交双方的关系也随之结束

这个模式中，因为营销人员没有和顾客保持长期合作关系的想法，所以成交双方的关系仅限于交易活动的现场。要想和顾客建立长期的合作关系，营销人员定期表现出"我们时刻惦记着您的需求"的态度非常重要。

模式2　成交一次后，客户定期重复购买老产品

这是对客户最不管不顾的模式。因为一次成交后客户开始主动下单或保持长期的交易关系，所以营销人员认为盯着老客户也不会带来新的收益（实际上并非如此），于是开始着眼新

客户。

模式3　商品本身多依赖于客户的主动咨询

这种模式源自于业种、业界的习惯，如为个人量身打造的旅行计划、装潢、高额家电、代办业务等，客户多习惯于自己主动咨询。此外，金融、保险、房地产不动产等，虽然营销人员积极地开发新客户，但签约完成之后营销人员的热情就会大幅下降。

经营以上业种的共通点在于推销的时机。时机不对，即使是成交过一次的客户也不愿继续合作。但拿过一次订单的营销人员本来应该知道何时是最佳时机。

模式4　面对挑剔的客户

这种情况很多见：经过努力，第一次、第二次的交易总算达成了，然而客户的细致要求让营销人员叫苦连天，或者因成交双方性格不合，最终渐渐地疏远。

或许笔者的说法很苛刻，但出现这种情况是营销人员的失职。对于营销人员来说，本来就不能要求客户投己所好，如果工作时还缺乏理性，这难道不是缺少作为社会人的自觉吗？

我们在营销活动中必然会遇见挑剔的客户，但我们不应执着眼前，目光应该长远。面对索赔等情况时确实会感到压力，但应对得恰当便能赢得客户的信赖，这个道理人人都懂。

模式 5　销售的商品只能带来微薄的利润

这是重视数字的营销人员容易陷入的错误模式。"卖出一个产品能获利多少钱？"如果以此为标准衡量客户，营销人员会把精力投入到能带来丰厚利润的客户身上，而忽视只能带来微薄利润的客户。

我们与一位客户交易，如果刚开始对方只能带来微薄的利润，但这位客户变成回头客后多次购买我们的商品，从结果来看我们也会获利颇丰。

所有的客人都是 VIP！这样顾客满意度和回头率才会提高。迪士尼就因基于这样的理念，经营依赖着 90% 以上的回头客。

通过以上的五种类型我们可以看出营销人员是如何漠视头回客的！对于头回客，我们要为第二次合作做好准备、精心维系与客户之间的关系，这是培养回头客的第一步。

做客户的"专家"

向新客户和老客户销售同样的商品，所用的方法也不同。笔者举办营销研修时，学员曾问道："和新客户打交道时，我们应该做些什么呢？"笔者做出了如下回答：

"拿出比平时更足的干劲，突出自己办事利落的形象。"

"为了宣传自己能迅速应对各种需求，反复告知客户有问题的话可以随时商量。"

"为了让客户理解自己的公司，要言简意赅地说明公司的特征和业绩。"

"让客户了解本公司经营的各类商品及本公司不同于其他公司的特征。"

"请对方一定要试用一次本公司的产品。"

"为下次访问客户做好铺垫。"

以上大致就是对待新客户的做法吧。

接下来，学员又问："和新客户第一次见面时有哪些难点？"笔者的回答如下：

"很难打听出客户的状况。"

"即使询问客户对本公司的评价或对商品的感想，对方也可能含糊其词。"

"很难给客户留下好印象。"

"为了回答客户提出的各种问题，仅是收集公司介绍、宣传册、商品目录也很费功夫。"

因为在新客户面前我们完全是"客场作战"，所以必然会出现上述情况。

心理因素会在很大程度上导致我们陷入这种状况。初次会面时，看见营销人员神色紧张地介绍自己的公司和商品，客户的心理状况会如何？

那就是"警戒心"！

- 这人究竟了解我多少才这样说话？
- 这人和我说话只是为了销售商品吧？
- 这个商品真的有品质保证吗？

开发新客户时，营销人员在电话中或前门处被突然拒绝的例子屡见不鲜，这也是出于客户的警戒心。这种警戒心使得客户在尚未见面时就拒人于千里之外，即使如约见面时客户依然不会解除这种防范心理。

营销人员也能在潜意识中感受到客户的防备，于是变得更加紧张，想解除客户的警戒心却反而陷入了一个怪圈，拼命介绍产品或询问顾客需求，最后营销活动变成了兜售行为。这就是开发新客户的难点。

- 拿出干劲，突出自己办事利落的形象
- 宣传自己能够迅速应对各种需求
- 通过详细的说明让客户了解本公司
- 对商品的特征、魅力进行说明和宣传
- 寻找下一次访问的契机

营销人员

客户

"这人究竟了解我多少才这样说话？"
"这人和我说话只是为了销售商品吧？"
"这个商品真的有品质保证吗？"

图4　开发新客户的营销活动容易变成兜售行为

那么，我们应该如何与头回客交往呢？

随着成交双方成交次数的增加，营销人员与客户的联系会变得更加牢靠，双方会产生"信赖感"。

信赖感越强，对对方的"警戒心"越弱，客户对营销人员的话基本不会抱有"这是真的吗""肯定隐藏着什么弱点吧"之类的怀疑。

好安逸、怕麻烦是人的天性。明白这一点，我们就能找到与老客户保持联系的切入点。

假设笔者常去的日式料理店里上演了这样的谈话场面：

店主："欢迎您村山先生。"

我："最近有些忙，总觉得很累，好久没吃鱼了，今天来一条。"

店主："好的，来一盘拍鲣鱼如何？"

我："不错，感觉挺好吃的。"

店主："我们正好刚进了村山先生喜欢的宫崎县烧酒，和拍鲣鱼非常配。"

我："嗯，就点这些！"

笔者如实地说出了自己的状况，并安心地听取了店主的建议。这个过程中没有任何的警戒心。但这样的对话很难发生在笔者初次走进的商店里。

营销现场也是同样道理。随着光顾次数的增多，客户越来越会容易、安心地听取营销人员的建议。

还有一点请大家注意，如果营销人员与头回客能第二次、第三次反复合作，不仅成交双方的关系会变得融洽，营销人员也能基于迄今为止的交往所收集到的信息更加容易地拟订营销企划方案。

可能有人会想，开发新客户时也需要制订方案，但实际上两者的内容完全不同。为新客户制订的企划方案是基于"表面的信息或推测"。

可以这么说，为新客户拟订的方案契合对方需求的准确率并不高。加之对方听取我们的建议时带着"警戒心"，所以成功的难度更高。

另一方面，如果对象是成交过一次的头回客，我们在第一次合作时就掌握了对方的喜好、价值观、个人特征等。基于这些多方位的信息，我们能提出高质量的建议，客户也会认可并听取我们的企划方案。

营销方案就像金字塔，信息积累得越多，方案的质量
也越高。

这就是"信息金字塔法则"。

提案的质量

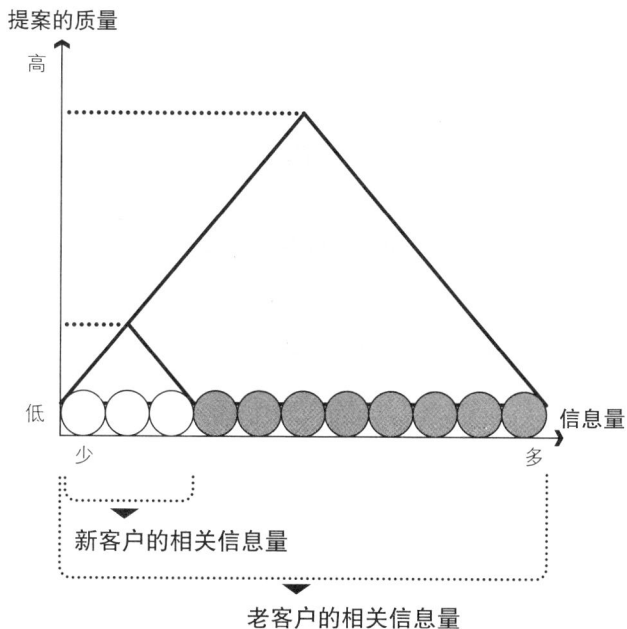

基于大量信息凝结而成的营销方案更易满足顾客需求。相反，
如果开发新客户时信息量不足，制订出的方案不仅质量差，而
且满足顾客需求的可能性也很低。

图5 信息量不同，营销企划方案的质量也不同

营销人员好比是客户的"专家、大夫"。医生不能因为贪图高昂的诊疗回扣费而随意开高价药、随意做手术。更何况他们一定了解患者迄今为止的病历、体质、饮食习惯、性格等，一定会对症下药。

营销人员也一样。客户不想听翻阅广告函件就能了解的内容，他们想知道的是"个人建议"。客户不仅想了解表象问题，还希望营销人员在列举潜在问题的同时给出建议。老客户需要的是自己的专属"专家、大夫"。

"五步营销法"，让接单成功率有飞跃性的提升

相信你一定已经逐渐明白了，与"头回客"交易，比"开发新客户"更有效果。但如果营销方案只是过去业绩的单纯延续，那么交易成功的概率并不会太高。

我们以销售汽车为例，营销人员每天都有业绩要求在身，不会经常问候老客户。但客户常因定期车检和小故障的修理而造访销售门店。

某位一直驾驶四门轿车的客户对热销的新能源车很感兴趣，但又倾心于刚发售的跑车。这时，营销人员在即将进行车检时为客户的换车需求提出建议：

店员："×× 先生 / 女士，好久不见，您的车子开得顺手吗？保养得不错啊。"

顾客："啊，好久不见。"

店员："马上就要车检了，之前听您说过想换车。"

顾客："就要车检了？"

店员："您的车子保养得很好，可以继续驾驶。但这种车型的新款可享受新能源车免税政策，您要不要考虑一下？"

顾客："……是吗？那我考虑考虑。"

客户的回答似乎有些犹豫不决，营销人员因此判断道："客户肯定在犹豫究竟是接受车检继续开原来的车还是换车，那我等过些天再提建议吧。"结果在等候的期间，客户从其他公司购入了跑车。营销人员白白错过了接单的机会。

这个例子中，究竟是哪里出了问题？对方是头回客，按理有重复购买的可能。而销售人员也基于过去的交易结果，瞄准客户换车的时机向对方提出了建议。

你猜得没错！因为第一次交易结束后客户心情发生了变化，而营销人员错过了收集信息和接触客户的机会。换句话说，这位营销人员的提议仅是过去销售业绩的延续，所以没有顺利地接到订单。

让头回客多次购买，必须按以下步骤循序渐进地展开工作：

> 步骤 1：整理客户信息
> 步骤 2：询问客户购买后的使用情况和感想
> 步骤 3：再次访问客户之前，做好交流，维系关系
> 步骤 4：为下一次的方案设计营销剧本
> 步骤 5：再次联系客户，提出营销方案

以上步骤的难度并不大，也没有耳目一新的营销方法。

但我们很难理所当然地实现这些理所当然的事情。这五步

中只要疏忽了其中一步，第二次的接单率便会大幅下降。拿下第二笔订单的关键在于踏踏实实地完成以上的五个步骤。

步骤1　初次交易完成后，整理客户信息

笔者在考察过许多公司的实际情况后，找出了营销部门业绩停滞不前的共同特征，其中一个重要特征便是：员工在销售时热情高涨全力投入，交易结束后便把责任推给其他支持部门。那副对客户不管不顾的样子与员工之前的热情相比，令客户产生了强烈的心理落差，"可能全部精力都转移至新客户了吧"。

一旦形成了这种循环，开发新客户便成了营销活动的生命线，员工在肉体和精神上都不得不承受很大的压力。

要形成与头回客继续合作的营销循环，重点在于交易结束后将收集到的信息按照图6分七个项目整理好。

如果将这些信息整理好、理解透，那么即使时间流逝，我们也能准确把握向客户推销的时机和关键点。

步骤2　询问客户购买商品后的使用情况和感想

步骤2和步骤1相同，售后服务必不可少。尤其是步骤1中营销人员整理各类信息时，会意外地发现自己漏听的信息或收集到却未加确认的信息。

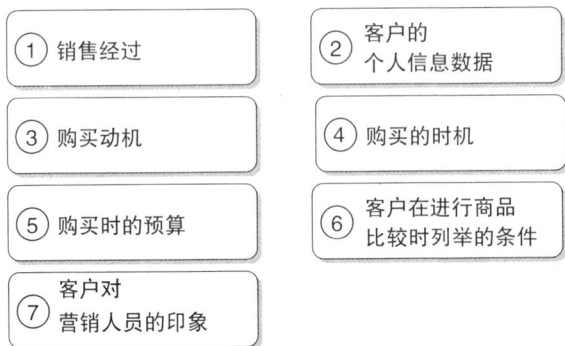

图6　客户信息的分类

实际上我们能够异常顺利地打听到销售时机，客户也会毫无保留地告知我们购买后的满足感与信赖感，所以我们更要把握良机。并且在询问客户售后体验时我们不能仅关注顾客满意的地方，还应尽可能地聚焦不足之处。

假设顾客在购买家用太阳能板后，营销人员和顾客之间展开了如下对话：

营销人员："请问您在购买后的使用过程中，是否有任何意见或不便之处？"

顾客："不知道是不是天气的原因，安装以后一直觉得性价比低。"

营销人员："确实存在天气的原因。我再询问一下其他顾客的使用感受。"

顾客："啊，这样会更有参考价值。"

这样的对话不仅能制造再次访问顾客的契机，还能给对方留下好印象，认为营销人员注重细节。通过这样的交流，营销人员可以巩固与客户之间的关系。

步骤 3　再次访问客户之前，做好交流，维系关系

销售不同的商品或服务，再次向顾客进行推销的时机也不同。金融商品一年内有多次推销机会，而汽车或住宅等高额商品则可能要等到数年后。两次推销之间间隔如此之长，那么营销人员必须努力维系与客户之间的关系。

直接访问客户自然是首选的方法，但我们不能仅为填补空档而前去造访。图 7 的交流方式值得借鉴（见下页）。

通过以上工具联系客户的目的在于告诉对方："我没有忘记您"，"我时常惦记着您购物之后的使用体验"。

步骤 4　瞄准下一次推销机会，思考如何编写营销剧本

如果符合客户需求的推销时机到来了，我们要做好准备抓住机会。但营销活动能否获得成功的关键在于我们销售的商品能否符合客户的需求。

① 传真

在传真上印上商品相关信息，并添加手写留言。

② 邮件

除了简单问候及询问客户购物之后的使用情况，加上"过几天向您致电"等话语效果更佳。

③ 信件

除了问候，还可添加"择日与您联系"或"近期访问并当面询问使用情况"等话语。

图7　交流方式的使用

如果一份方案以销售的商品为核心，那么它易偏重于商品的特征、使用方法、价格优势等。但客户有各种需求和目的，如果营销人员在设计企划方案时不了解这些背景，那么方案书将很难打动顾客。

我们迄今为止收集的信息、我们与客户展开的交流，都是为了设计出一份能够说服客户购买产品的营销剧本。

为了设计具体的营销剧本，我们必须针对客户的问题和意见事先掌握应答技巧。

步骤 5　再次联系客户，提出销售方案

做好了前面四步，我们便能顺利地再次向客户进行推销。

虽然之前成交过一次，但再次交易时顾客又会表现出第一次时的生疏感。这是因为两次交易之间出现了时间间隔，或是因为客户认为营销人员并不了解自己。

营销人员不能凡事只想着公司利益，而应设身处地为客户着想，以"我们非常了解您的需求，所以才向您提出建议"的态度才能培养回头客。

第 **2** 章

创造机会，再次拜访客户

为何与客户见面越来越痛苦?

售后服务是"培养回头客"的重点。因为如果售后服务没做到位,头回客便会成为二次交易的壁垒。话虽如此,一旦客户数量达到数百人之后,我们总会发现一些失联许久的客户。随着时间的推移,我们也越发提不起干劲去联系他们。

实际上,给再次交易增加难度的不是别人,而是你自己!

如果有客户让我们觉得心情郁闷、缺乏干劲,那么我们必须分析其中的原因,勇于面对是顺利联系到客户的捷径。

◆过分议价的顾客

如果客户的议价在营销人员可承受的范围以内,这不会对成交有大的影响。但有时会遇见过分压价的顾客。

议价实际上是一种心理博弈,一旦参与后必须有一方认输这个博弈游戏才算结束。

那么,我们如何才能避免参与这个心理博弈游戏呢?

有三个方法,请你结合公司的情况选择最适宜的方法:

· 进入具体磋商之前,告知对方本公司不允许议价。

· 在具体磋商时,告知对方让利的上限。

· 在具体磋商时,告知对方本公司不允许议价,但可以提供相应的优惠服务。

以三为例，我们可以采用以下语句进行说明：

"本公司的商品价格是为节约成本进行设定的。我们可以接受议价，但本公司的售后服务能让您享受到比议价更多的优惠。"

向客户进行说明的时机尤为关键。如果错过了时机，买方则会主导磋商的节奏。最好由营销人员掌握主动权，找到进行价格说明的机会。

◆ 带来很少利润却吹毛求疵的顾客

"喂，你之前推荐过个人购买的国债，我太太也想详细了解一下，你能再来一趟吗？"

笔者常听营销人员说起，有的顾客总以这种口气让他们跑去进行产品说明，结果却只买了完全没有关系的、利润很少的产品。如果有这样的经历，哪怕我们想提出好的方案，也会有犹豫吧。

这种类型的客户多认为营销人员有义务无偿提供各种服务。我们无法改变他们的想法，只能自己多加确认：说明时是否有纰漏？除了中心问题、关联问题之外还可能会遇见何种问题？

顾客想当然地认为营销人员可以"随叫随到"，但这样会影响营销人员的工作。所以我们可以采取这样的方式事先告知对方自己的日程安排："如果您有任何疑问，我们一周后会为您做解答，请问这样可以吗？"

◆ 优柔寡断的顾客

"就选这个了！"当营销人员接到顾客的预订单、正埋首办理订购手续及制作定价单时，对方又后悔："还是让我再考虑考虑。"成功签约已经耗费了营销人员大量的体力，如今顾客一而再再而三地要求从头来过，对营销人员来说简直是精神上的折磨。

这类顾客在做决定时没有自信，缺乏安全感。针对此类顾客营销人员要时刻牢记消除对方的不安。即我们要反复说一些让顾客感到自信、放心的话：

"没关系的，不管发生什么，我都会支持您，请交给我吧。"

"已经有超过十万的顾客选择了该产品，请您放心使用吧。"

◆ 态度咄咄逼人的顾客

虽然有的营销人员性格强势，但也有顾客对营销人员咄咄相逼，特别是那些心理压力大、自尊心强、内心空虚的人。

笔者以前做销售时也遇见过一些顾客初次见面时就不以姓名称呼笔者，只说"你……""你那里……"这样的人言辞粗鲁，会让人心生不悦。

但那时笔者却从其他同事那里听到了这样的事情：

"×× 先生非常喜欢和村山你谈话呢。"

"因为其他公司的营销人员办完事后就立即离开。"

笔者领悟到，一旦我们了解了客户的真实想法，就不会有逃避客户的念头。

◆将索赔挂在嘴边的顾客

这类顾客我们必须时刻留心，因为购买商品不是他们的目的，当他们发现商品的瑕疵或不如意之处，便会提出各种无理的要求。这也是一种心理博弈游戏，对这类顾客来说，让营销人员说出"对不起"、索取到赔偿则意味着游戏过关。

针对这类顾客，我们不能凭自己的判断去赔礼道歉或更改条件。只要商品没有问题，在商谈时我们要尽量以白纸黑字为依据。

◆与自己性格不合的顾客

有与自己趣味相投的顾客，就一定有与自己不合的顾客。

不少学员有这种烦恼：

"和顾客谈不来，对方说的话很伤人。"

"一看到那位顾客的脸，心里就很排斥，一句话都说不出来。"

我认为，面对这样的客户，我们必须要自己克服心理障碍。我们无法改变对方的性格或言行，既然如此，那只能改变自己的应对方法。我们要先思考在谈判桌上如何演出，然后再付诸实践。

◆因商家的问题而进行索赔的顾客

与客户进行合作时，最让营销人员苦恼的就是遇上这类顾客：

因为错在我方，所以再次拜访客户时无法做到地位平等。

"客户还在生气吧？""如果对方提起之前的事情该怎么办才好？"营销人员必然会心中有所顾虑。

这种场合，我们可以在对方追责之前先行道歉，然后再进行商谈。重点在于比之前更加细致、更加迅速、更加正确地处理问题。精诚所至金石为开，只要让顾客看到我们的行动中充满了诚意，对方自然会对我们刮目相看。

过分议价的顾客

因商家问题
而进行索赔的顾客

带来很少利润却吹
毛求疵的顾客

将索赔挂在嘴边的
顾客

优柔寡断的顾客

与自己性格不合的
顾客

态度咄咄逼人的顾客

无法正确处理与客户之间的关系，
最终营销人员自己就会逃避客户

图8　为何时间间隔越久，我们越无法面对客户

客户正在等着你！

头回客中有的能变成回头客，有的则不然。我们能很容易猜测到第二次交易失败的理由：

> ·营销人员只推销自己想卖的东西
> ·营销人员不顾顾客的需求，强买强卖
> ·顾客刚购物完毕且预算有限，营销人员却还在推销
> ·顾客想先试用再考虑购买，营销人员却急切地要求顾客购买
> ·只成交过一次，营销人员却频繁地套近乎

列举出导致再次交易失败的理由后，不知你是否注意到，隐含在其中的促成交易的要点。

笔者的学员 A 是就职于某西服连锁店已满三年的营销人员，办事沉稳、待人体贴、性格温柔。但他为业绩停滞不前而大伤脑筋。仔细分析后发现无法接到头回客的订单是影响业绩的一大原因。

! 营销人员只推销自己想卖的东西

⇨　**推销顾客想买的东西**

! 营销人员不顾顾客的需求，强买强卖

⇨　**倾听顾客的需求**

! 顾客刚购物完毕且预算有限，营销人员却还在推销

⇨　**在顾客预算充足时推销**

! 顾客想先试用再考虑购买，营销人员却急切地要求顾客购买

⇨　**询问顾客的使用情况，同时商量
购买事项**

! 只成交过一次，营销人员却频繁地套近乎

⇨　**与顾客接触时，让顾客感受到营销人员对其的
重视程度**

图9　从交易失败的原因中发掘成功的要点

他与客户进行的交流大致如下：

A："××先生，感谢您前年在我们这里订购了夏装西服。今年我店有质地轻薄、具有抗菌作用的新款西服，您是否需要考虑一下？"

顾客："我暂时不需要夏季西服。现在不是提倡清凉商务嘛。"

A："我们还有一款，只需更换打底，就可用于避暑休闲。"

顾客："啊，用不着。我不去避暑胜地。"

……

顾客："还有别的事情吗？今天我有些忙，抱歉了。"

A："好的。谢谢您，还请您多多关照。"

分析两人的对话后我们可以发现，两人的问答根本没有交集。但为何客户会愿意见 A 呢？是因为许久不见想念对方了吗？但这位客户看上去并没有这种闲情逸致。

客户等待的是营销人员提出称心的建议！所以才会特地挤出时间见 A。然而 A 的建议让客户失望，所以客户才打断了之后的对话。

如果 A 事先收集好关于客户的信息，如客户是否在实行清凉商务的企业里工作、过周末的方式等，那么推销话题也会随之改变。

　　A："×× 先生，炎热的夏天就要来了。您需不需要准备一些清凉商务装呢？我们有性能高、款式漂亮的清凉商务装可供您选择。

　　顾客："除了夏天穿的夹克外还有其他的吗？"

　　A："我们有适合像您一样需要在外见客户的顾客穿的清凉商务装哦。"

　　顾客："真的吗？介绍一下吧。"

　　A："我推荐您一套材质轻、有抑菌作用的新款西装。"

　　顾客："西装的话，是不是就只能在工作场合穿呢？"

　　A："不是的，您只要在西装里搭配一件您已经有的上衣就可以去参加音乐会或和夫人一起外出购物了。"

　　顾客："可以给我看一下吗？"

　　推销同样商品，只考虑自己公司和设身处地为顾客着想，两种情况下成交双方的交流会出现完全不同的结果。

　　请牢记，客户正在等待的是营销人员作为"专家"提出的适合自己的建议。

向客户预约时的措辞禁忌

即使成交过一次，随着时间的推移，成交双方的交流也可能不如第一次顺利。这种情况下，营销人员进行预约或推销时必须格外注意，如果打开话匣子的方法不对，客户很可能当场拒绝。接下来，我们以错误的交流方式为例思考一下如何进行预约。

◆联系客户时禁用的问候用语

✕ "抱歉，在您百忙之中打搅了。"

客户在办公室工作，有时拿起听筒听到的第一句话就是这句。一般来说，以这句话为开场白的极有可能是推销人员，所以客户立即明白了对方的意图，还会想"明知道我忙，那就别打电话来"。

使用交易成交时的常用语句，会起到让客户心生警戒的反作用。这样做会自毁培养回头客的可能性。

那么我们应该采取何种说法呢？普通的问候即可。

✓ "好久不见，我是村山。您一切都好吗？"
"××您好，我是村山。"

在问候语中加入提问，对方肯定会回答，然后我们就能找到对话的入口。此外，说出客户的姓名，也是向对方传递一种隐含信息："我还惦记着您呢。"

✕　"能占用您一点时间吗？"

这个说法和上一个错误用法非常相似，听上去很客气，但也是另有目的的推销用语。我们如此谦逊地请求客户抽出一点时间，想必客户也很难将"不行"说出口吧。

反过来说，这也是一种心理技巧。这句话说完后让客户难以拒绝，有利于营销人员进行产品介绍。

对于新客户我们可以使用这样的措辞，但它并不适合头回客。我们稍作改变采取以下说法又将取得何种效果呢？

✓　"×× 您好，想必您现在很忙，请允许我简要地介绍一下……"

因为成交双方相互熟识，就没必要请示对话的时间。省略客套、长话短说、开宗明义，这样会更有效果。

◆ 预约时的措辞禁忌

✕　"我就在您附近，能否顺道拜访您？"

有些顾客通过成交与营销人员熟识后，便会说："如果在附近的话请随时来玩。"但如果营销人员在真正提出拜访请求时，多数顾客通常会产生不悦。

这时我们要改的不是说话技巧，而应当谨言慎行。预约客户时用的措辞中应包含以下三个要素：

·见面的目的（"我在您附近"不是目的）

·给顾客带去的好处（说完目的后，还应补充此行将给顾客带去什么样的好处）

·所要时间（如果由我方提出见面，应尽早通知顾客）

△"今后由我为您服务，想先和您见面打个招呼。"

第一次成交后，负责人可能会调职或离职。经常有营销人员以此作为与客户见面的借口。

这句话本身没问题，营销人员也考虑到如果客户不清楚公司业务负责人将会影响合作。但必须注意，客户并不认为这样就需要会面，"换不换人是你们公司的事情"。

应对这种情况的关键在于我们不仅要和顾客打招呼，还应具体告知交接情况和访问目的。"我听之前的同事提起，您对××非常感兴趣。我也想今后就此提出建议，所以……"

◆谈话中需注意的措辞

✕ "绝对不会让您吃亏的，所以……"

这句话经常出现在深夜的电视购物频道，强调购买之后将给顾客带去的巨大利益，但它反而会使对方产生警戒心理。这是和客户面对面商谈时使用的措辞，虽然看似为对方着想，但不适合用于预约会面。

◆寄送广告函件后进行询问时需注意的措辞

✕ "您看过我们的广告函件了吗？"
　　"您收到我们的广告函件了吗？"
　　"您看过我们的广告函件后，有何感想吗？"

营销人员为了制造再次拜访客户的机会，会事先通过电子邮件、信件、电报等方式寄送广告函件。先把推销的内容送至顾客手中，售后服务就成为了磋商的机会。这种做法本身效率高、让客户省去诸多麻烦，是非常好的做法。

然而，如果营销人员在寄送广告函件之后的售后服务中使用了以上的措辞，会让顾客认为卖方掌握主动权而自己处于被动地位，由此心生不悦。这时，不妨试试以下说法：

■ **联络客户时的问候语禁忌**

"抱歉，在您百忙之中打搅了。"

"能否占用您一点时间？"

"很抱歉，突然打搅您。"

△顾客一听到这些话语，就能猜到我们打电话的目的是推销。

■ **有些话语不能充当拜访客户的借口**

"我就在您附近，能否顺道拜访您？"

"今后由我为您服务，想先和您见面打个招呼。"

△前一句营销人员忽视了客户的情况，因此会给客户带去不悦。
后一句完全是营销人员的内部问题，客户并不会在意。

■ **对话中需注意的措辞**

"您绝对不会吃亏的……"

"绝不会让您后悔……"

"只有客户您才能……"

　△夸张地强调利益，反而会让对方产生警戒心理。

■ **邮寄广告函件之后进行询问时需注意的措辞**

"您已经看过 ×× 了吗？"

"您已经收到 ×× 了吗？"

　△营销人员向顾客确认是否收到或翻阅资料，会让顾客觉得
　自己受控于人。

图10　不能充当再度访问客户的借口的措辞

✓ "前几日我们给您寄送了新的分期付款住宅信息。"

"以前就听您说想选择一处能面朝大海的住所，现在我公司有几处符合您要求的住宅，请问您是否有中意的住宅？"

没错，我们的对话应以客户正在看我们寄送的资料为前提。如果对方尚未过目，便会回复说"我还没翻阅呢"。接下来，我们就可以说："那么，我想带上详细资料去给您做说明，可以吗？"

激活"休眠客户"的营销方法

客户的"休眠状态"没有明确的时间限定，一般指一年以上。

头回客进入"休眠状态"后，营销人员的直接售后服务会越发艰难，所以我们要制订与"休眠客户"进行交流的步骤。应对"休眠客户"的方法共分三步。

步骤1 把握客户"休眠化"的原因

除了房地产和汽车这类更换周期较长的商品外，有些商品明明一年有数次购买的机会，而客户却在购买一次之后"休眠化"，原因何在?

据说只有4%的顾客会实际表达不满，其他的顾客带着不满的心情选择其他对手公司的商品或服务的可能性非常高。

首先，如果我们不找出客户"休眠化"的原因，就无法进入下一步的交流阶段。这个任务交给"客服部门"等窗口比营销人员开展直接调查更能获得正确的信息。

步骤2 开展交流，激活"休眠客户"

通常进入"休眠"状态的客户很可能对产品或服务感到不满，或早已倾心其他公司。

这种情况下，"最近您似乎很少光顾，我店正在开展优惠促销……"我们很难通过这种方式与客户交流。寻找机会与客户交流，同时努力修复成交双方的关系的做法更有效。

比起与客户直接交流，我更推荐利用各种社交工具。

广告函件、传真广告、邮件广告等都是社交工具的代表。别忘了添加这句话以征得客户的同意："我们给您寄送了可能对您有益的资讯，请您务必抽空阅读。您可以随时取消订阅，请先体验！"

步骤 3　从交流走向"复苏"

通过前面两步，我们与一些"休眠客户"取得了联系。接下来，我们要重新构筑与他们之间的关系。除了利用各种社交媒体发送商品相关信息外，还可以通过优惠券、打折券、点评员招募、研讨会、活动邀请等方法逐步加深与客户的关系。

"休眠"客户开始采取实际行动后，营销人员再着手准备联系客户。

选择何种社交工具？

接下来，我们具体探讨一下交流时应选择的社交工具。各种媒体都有自己的特性，我们可以根据公司商品情况以及交流环境做出选择。

1 DM（广告函件）

广告函件也有很多种类，既有以商品信息为中心的广告，如产品目录、传单等；也有以资讯为主的会员杂志，如简报等。

广告函件在所有社交工具中最费成本和精力，每一次内容更新也需大费周折。对照"休眠客户"的数量，广告函件中的产品资讯和促销信息的比例在 8∶2 ～ 5∶5 之间最为适宜。

广告函件如果未被客户拆封、阅读就形同废纸。所以，制作的重点在于视觉效果＋人性化设计。

视觉效果指如何促使客户拆开信封、如何激起客户继续阅读的欲望。

最近许多商家都下大力气以促使客户打开广告函件的信封，如在信封上写"内有代金券""××秘籍第一章大公开"等。然而，当客户厌倦了千篇一律的"内有代金券"后，收到函件时只会原封不动地丢入垃圾箱。所以，我们有必要重新审视广告函件的内容。

人性化设计，指的是商家花心思向客户传递富有人情味的信息。邮递的广告函件毕竟是一种社交工具，且成交双方逐渐疏远必定出于某种原因。因此人性化设计的要点在于唤起顾客的亲近感，如写给客户的一声问候、给客户寄去介绍员工的新闻等。

2　Fax News（传真广告）

网络和邮件已经广泛普及，使用传真的机会大大减少。传真广告虽然是一种简单朴素的传媒手段，但效果不容小觑。

传真广告有三大特点。第一，比函件广告成本低廉。第二，通常传真广告只是一页纸，所有内容让人一目了然，视认率接近 100%。此外，新闻的编辑也很容易。第三，在传真广告下方的报名栏中填入个人信息后，顾客参加活动或研讨会时还能将传真广告充当回执寄回给商家。

3　Mail News（邮件广告）

这是近来用得最多的一种传媒手段。针对手机用户和电脑用户，邮件可以分别在两者的画面中显示出最适宜的版本，即邮件可分类显示出手机版本和 PC 版本，是受众面广（提高了阅览概率）的一种媒介。

邮件广告有四个特征。第一，邮送成本最为低廉。只要发信对象不过万，我们就可以通过电脑发送邮件，一封邮件的有偿服务也只需几日元。

第二，用户可以随时随地通过终端接收邮件。

第三，邮件的编辑非常容易。只要做好了基本的样式，任何人都能使用自己的电脑进行编辑，需要轮流撰写专栏等人性化设计的编辑工作也能轻松搞定。

第四，在邮件中添加链接网址，不仅可以帮助感兴趣的客户前往网页阅读详细信息介绍，还能掌握用户的使用记录，所以它也是一种有效的市场数据。

不论采用何种方法，灵活运用以上的社交工具均能有效地激活"休眠客户"。

接下来，就是根据客户的特征和公司的商品特性选择适合的媒体手段，思考如何编辑广告内容、如何设计交流方式促使"休眠客户"复苏、如何展开交流。

这样，我们就能让客户回心转意，欣然地被"激活"。

① DM（广告函件）

特征

- 需要成本
- 如果商家不想办法，顾客不会想要拆开信封
- 能够通过各种视觉效果吸引顾客的注意

制作方法

- 资讯信息和商品介绍的比例范围在 8:2 ~ 5:5 之间
- 需要在信封和纸质方面下功夫
- 由"视觉效果"+"人性化设计"构成

② Fax News（传真广告）

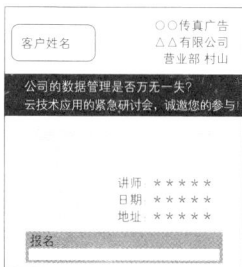

特征

- 与 DM（广告信函）相比成本低廉
- 所有内容凝缩在一张纸上，一目了然
- 添加了报名栏，有招募顾客的效果

制作方法

- 所有内容凝缩在一张纸上
- 用同一个样式构思内容
- 由"视觉效果"+"人性化设计"构成
- 标题和文稿要吸引人
- 灵活运用黑白色彩对比

③ Mail News（邮件广告）

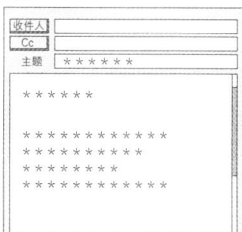

特征

- 成本最为低廉
- 所有内容凝缩在一张纸上，让人一目了然
- 不需委托他人，自己就能完成

制作方法

- 用同一个样式编排内容
- 标题和文稿凝缩为一行
- 尽量不要让收件人需要拉动滚动条向下翻页
- 调整换行和行间距以便阅读

图11 社交工具的特征

051

第 3 章

编写『营销剧本』，老客户就
能二二『复苏』

低劣的"营销剧本"会吓跑头回客

顾客决定购买服务或商品之前，肯定会受到自身价值观和经验的影响。

我们以汽车为例，并不是所有购买两座跑车的顾客都钟爱它的外形和动力。

有一位六十多岁的顾客终于完成夙愿买了一辆跑车。他小的时候就很喜欢汽车的塑料模型。结婚后按照太太的希望一直开小排量汽车或家用轿车。退休后他想享受第二段人生，加之终于得到了太太的同意，于是购入了心心念念的跑车。

营销人员要揣测顾客的价值观和经历，如果不能了解这些是无法实际为顾客着想的。

尤其是推销高额商品或高附加值商品时，如果成交双方不能深入了解对方的想法、拥有共同的情感反应，顾客是难以吐露真实的想法的。

反过来说，如果营销人员能够深入了解顾客的想法，真真切切地为顾客着想，那么拿下订单的概率和速度都会大大提高。

很多经验丰富的营销人员能从顾客的只言片语、一笑一颦中观察出对方的真实想法并转向合适的商务话题，但如果我们要花费五年或十年时间才能达到那样的水平，那么阅读本书就没有意义了。

"编剧的能力"是引导顾客做出购买决定的商谈技巧，是营销人员的必备技能。"编剧的能力"中有以下五个要素会发挥作用：

· 从商谈到签约的线路图
· 通过假想顾客的性格特征设计出的对话台词
· 与顾客顺利开展的交流
· 与顾客商谈时的预期问题和应答方法
· 商谈中的主导权

我们在营销活动中是否灵活地运用了"编剧的能力"关系到拿下订单的概率。

在具体解说"编剧的能力"之前，笔者将以在营销现场进行指导时亲眼所见的例子说明何为缺乏编剧能力的营销活动。

无功而返错过订单的房产销售 A

A 所在的公司位于 ×× 县，以当地住宅的企划销售为主要业务。A 是有四年工龄的销售员，业绩一直遥遥领先，在年轻一辈的员工中销售额位列第一。他给人的感觉是言谈举止温和、沉稳的大好青年，认真倾听顾客心声、时刻为顾客着想是他的卖点。

A 的公司在车站前的开发区建了都市型高层住宅，公司全体员工都投入到了售楼环节。A 曾向一位客户推销过邻省温泉疗养地的住宅，于是他决定再联系这位客户。客户是年逾古稀的资产家，之前在合作时说过这样的话：

"我年纪大了，现在住的独栋房维护起来很麻烦，想找个位置便利的住宅楼住……"

这位客户对 A 介绍的房子非常感兴趣，样品房看过两次。然而一谈到具体的签约事宜，客户总说些这样的事情：

"之前买下的住宅，温泉很不错啊。"

"另外，那间房子的环境也好，早上出门散步非常惬意，我都想就在那儿隐居了。"

"最近我开始抄写佛经了，磨墨还能让人心里安定许多。抄经能让我集中注意力，连时间都忘了。你也试试吧。"

　　客户的话题从之前买下的房子到回忆退休前工作上的事情，儿子、儿媳妇买的房子……但 A 还是忍耐着倾听客户的唠叨。A 认为，自己这样的耐心态度一定会赢得客户的信任，最终拿到订单。

　　但结果并不如 A 所愿。A 迟迟拿不到订单，对此大为恼火的上司和他一起去见客户。上司询问客户道："这房子特别紧俏，您已经做好决定了吗？"结果客户支支吾吾，下了逐客令。

　　为何最后 A 会无功而返呢？ A 主张为顾客着想、倾听顾客心声，这并没有错，营销剧本模糊不清才是他失败的真正原因。

　　A 的例子是成交许久之后再重新联系到顾客时容易陷入的模式。因为之前的推销取得了成功，所以营销人员易采取相同的营销方式。当然也有再次成功的例子，但顾客做出购买决定时不仅会受心理因素的影响，还有价值观、第三者的建议等许多要素在共同发挥着作用。

　　这种情况下，发挥"编剧的能力"格外重要。我们的营销剧本中必须设想：顾客秉持着何种价值观？基于这种价值观顾客会采取何种言行模式？面对这些影响顾客判断的因素我们应该做何反应？我们如何才能说服顾客签约？只有这样磨炼我们的"编剧的能力"，才能高概率地拿到头回客的订单。

何种"营销剧本"能抓住头回客的心？

通过刚才的例子我们可以看到，顾客购买商品时不会单纯因为商品本身就决定购买。营销活动中有两个重要的"编剧的能力"：描述该商品非买不可的"编剧的能力"，及顺利与顾客展开商谈的作为推销技巧的"编剧的能力"。笔者之前说过，营销活动中的"编剧的能力"有以下五个组成部分：

- ·从商谈到签约的线路图
- ·通过假想顾客的性格特征设计出的对话台词
- ·与顾客顺利开展的交流
- ·与顾客商谈时的预期问题和应答方法
- ·商谈中的主导权

接下来，我们来看看各个部分是如何在营销活动中发挥作用的。

1 从商谈到签约的线路图

营销人员有明确的目标：让顾客购物、提升营业额。

你知道"龟兔赛跑"的故事吗？兔子为何会输？乌龟为何会赢？兔子对自己的力量太过自信，而乌龟虽然技不如兔子，但因为脚踏实地，最终获得了胜利，这是常见的解释。我们还可以从另一个角度看这个故事。

兔子并没有描绘通往终点的线路图，它不看终点只盯着竞争对手乌龟，所以会失败。另一方面，乌龟清清楚楚地编写出了通往终点的行动剧本，知道如果想以自己的步伐走到终点就必须不眠不休。于是乌龟瞄准目标不断地前行，最终获得了胜利。

兔子并没有描绘通往终点的线路图，它不看终点只盯着竞争对手乌龟，所以会失败。

乌龟详尽地编写出了通往终点的剧本，所以能瞄准目标不断地前行。

图12　营销活动中必须要有详尽周全的营销剧本

通往终点的线路图构成了行动剧本，这是营销活动中不可或缺的重要部分。如果营销剧本编写得不够周全，我们在商谈过程中可能因挫折、意外、异常等而措手不及，最终浪费时间。

联系客户时的"营销剧本"，有以下三个编写要点。

◆ 5W1H 编写营销剧本

"When（何时）、在 Where（何地）、与 Who（谁）做了 What（什么），Why（为什么），How（怎样）做？"

其中，"何时"的安排最为重要。

◆先编写好"营销剧本"，再联系客户

编写好"营销剧本"是联系好客户的大前提。

◆与客户商谈的过程中经常对照"营销剧本"检查进度

与客户进行商谈的过程中，肯定会出现许多与设计好的"剧本"大相径庭的意外。通往最终目标的时间安排尽可能不要延长，我们可以在商谈过程中微做调整。

2 通过假想顾客的性格特征设计出的对话台词

很多营销人员都意识到谈话的重要性，即与顾客商谈时的谈话技巧。但你是否从反面考虑过这个问题？

如果有人口若悬河、滔滔不绝，你会怎么想？这个商谈过程肯定不会很愉快吧。给出销售方案以后，营销人员必须时刻揣摩顾客的想法。

为此，我们要把握顾客的性格特征。

"顾客喜欢什么颜色？"

"顾客做决定时，会在多大程度上听取太太的意见？"

"进行健康管理时，顾客一般会考虑哪些因素？"

通过收集这样的私人信息，顾客的性格特征便跃然纸上。以此为基础编排营销剧本设计对话台词，我们就能进行一些利于顾客做判断的对话。与新客户相比，光顾过一次的客户的信息收集工作并不会太占用时间。

在一定程度上推测出客户的性格特征后，我们便能针对商谈要点更好地"设计对话剧本"。这个剧本又叫"对话台词"，即事先编写好商谈时的台词。不同类型的顾客对同一句话会产生不同的反应。

我们看一下下面的例子，大家能明白两种说法的不同吗？

"这是今年的热销商品，正在热卖。"

"本商品今年上市以后已经售出 10 万套，占该领域商品销售额的 70%。"

说出第一句话的人属于"感性"认知事物的类型，说第二句话的人面对的是"理性"判断事物的顾客。销售谈话中我们容易以自我为中心，但请不要忘记要根据对方的性格特征设计对话剧本。

3　与顾客顺利开展的交流

很少有营销人员开口便直奔主题吧："关于您前些日子要求的样品……"大家多会先聊一些尽人皆知的天气或体育比赛的结果等，如"天气变凉了啊""樱花已经开了啊"等。

这样的对话又称"破冰"，它为双方接下来的交流预热。开始商谈前，必须要营造一个与客户步调相同的氛围。这是与客户建立良好人际关系的重要一环。

何谓按照设计好的营销剧本与客户交流呢？它并未停留在每次开始商谈时的闲聊阶段，而是以巩固成交双方关系的CRM(客户关系管理)为基础。建立成交双方关系的营销剧本分以下四个阶段进行：

步骤 1　建立关系
步骤 2　强化关系
步骤 3　维持关系
步骤 4　扩大关系

特别是面对头回客，营销人员从步骤 2 或步骤 3 开始要优先考虑商谈的内容。如果不能周全地设计出与客户建立关系的营销剧本，那么我们只能在步骤 1 原地踏步。

4 与顾客商谈时的预期问题和应答方法

商谈过程中面对客户的意见、问题、质疑等，我们肯定有过词穷的时候吧。

"同样规格的东西，其他公司的产品更加便宜，你们有何不同？"

"我们可以放宽交货的期限，相应地你们能不能再便宜一点？"

"我觉得我不需要这个规格的商品，有没有低一档次的？"

"我现在无法当场作答，回到公司后我再给您回复。"

"这件事我个人做不了主，和上司商量过后再回复您。"

如果营销人员针对以上意见或质疑这样回答，客户一定会很恼怒，并开始考虑其他公司的商品。

与客户商谈时走一步看一步，最终不免出现上述的对话。为了防止这种局面的发生，"针对这位客户可以在这个时机提出这样的问题""我这么给出提议的话，客户肯定会担心这一部分"……我们必须把预期问题和应答方法的营销剧本清楚地写下来。

这样，我们不费吹灰之力便能通过自然的对话与客户进行商谈。

5 商谈中的主导权

	更新日期 年 月 日
基本事项	
顾客姓名	
推销的商品	
商谈内容的约定事项	
现在的进程	
同行业其他公司给商谈带来的障碍	

拿订单的要点			
阶段 \\ 项目	基本行动	要点	谈话范例
联系客户			

图13 营销剧本的设计范例

运动中有"先发制人"一说，意为如果选手掌握主动权，便能在之后的比赛中处于优势地位。不论是棒球、足球等球类竞技运动，还是柔道、拳击等武术格斗竞技，如果被对方的气势压倒或先输对手一分，那么自己不仅发挥不了本来的实力，也难以夺回主动权。

这个道理也完全适用于经营活动。营销人员对客户唯唯诺诺，便会出现客户主导商谈进程、设计好的营销方案无法推进等情况。一旦陷入这种局面，营销人员就很难向客户提出更加明确的建议或引导客户更加清晰地做出判断。

要掌握商谈的主导权，关键在于明确地编写出"营销剧本"。

编写"营销剧本"的技术，让不善言辞的 B 大获成功

参加经营研究课程的营销人员通常抱有各式各样的问题。其中，"想锻炼销售时对话的技巧""想提高演说的能力"等有关说话技巧的问题非常多。

B 也认为自己的演说能力亟待提高。研修学习的第一天，他在自我介绍时毫无条理，咕咕哝哝的说话方式明显比其他学员差很多。

B 在有线电视公司就职。顾客如果签约就能收看很多电视节目、上网，且公司会负责所有的安装事宜。该公司以个人住宅为中心扩展用户层。B 出生在北海道，被当地的分公司录用，入职十年以来一直负责营销工作。

经过几次演说练习，B 的说话方式已经有了明显改善。于是笔者在研修课程的休息时间试着和他聊了聊：

"你的说话方式大有进步，你自己也感觉到了吧。"

"是的。以前我很焦急，想到什么说什么。通过上您的研修课程，我知道了要在演说前先拟定结构，这对我来说是个新办法。"

"那很好。"

"虽然我对提出销售方案逐渐有了自信，但在实际的营销活动中我需要和客户多次沟通，介绍服务内容、确认设备的安装、

签合约。每一家的情况都不同，我自己嘴笨，没法儿任何时候都对客户说出得体、适宜的话，烦恼极了。"

实际上他的业绩不甚理想，马上就要被公司的新人赶超了。B 自认为口才不佳影响了业绩，但笔者觉得真正的问题在于他完全没有编写出"营销剧本"。

笔者对 B 做了这样的指示：

"你不用纠结于说话方式，你应该把精力放在眼下的营销活动中，针对不同客户详细设计出不同的营销剧本，再以此为基础逐一设计推销时的台词。"

结果，一年后 B 在所有的研修学员中拿到订单的概率最高。这对其他学员而言也是个极具冲击性的变化。从参加研修至今已过一年，现在我们能感受到 B 脸上洋溢着的自信。虽然他说话时常有一些口头禅，但真正进入销售工作时他已经能完美地胜任了。

一年间，B 在哪些地方发生了变化而最终提高了业绩？

首先，B 是这样制订营销战略的：

· 将目标客户锁定为解约客户和签约之后没有进展的客户
· 改变营销策略，将工作重点从向新客户提出销售方案转移到面向老客户重新设计方案

· 针对每一位客户，将签约前的所有流程"剧本化"

· 在关键环节设计销售对话，访问客户之前进行彩排

　　将销售目标锁定为昔日签约的客户而非新客户，这样 B 就能创造从容推销的环境。

　　此外，因为对方是曾经的签约客户，所以方案内容可以围绕合约的修改展开，这也是一个重点。

　　接下来，B 针对每一位客户编写了"营销方案剧本"，并付诸实践。

· 营销剧本中从联系客户至签约的所有过程，时间限定在一个月

· 将过去签约时收集到的客户信息融入到销售对话的台词中

· 访问客户后，一定要更新销售对话的台词

　　B 的营销活动中最大的改变在于设计销售对话的台词。他事先对问答进行预测，设计客户说"Yes"和"No"时的应答措辞。

　　实际上，这一点格外重要。

　　因为即使是谈判桌上的老手，当被顾客问到出乎意料的问题或被指出自己不想触及的方面时，不知不觉间会被脸上的表情出卖。

　　B 为编写营销剧本吸取了新的方法,弥补了口才不佳的缺点,让回头客再签新合约,由此事业蒸蒸日上。

　　适时向客户提出最佳营销方案便能大幅度地提高签约率,B 的成功就是一个绝佳的例证。虽然各位的业种不尽相同,但都可以在 B 身上学习经验。

"营销剧本"经营法的两大效果

笔者设计营销剧本并付诸实践后，切身体会到两个效果。第一，通过描绘出通往终点的最短距离的线路图，可以降低商谈偏题的概率。

第二，编写以成功为前提的正能量营销剧本，自己的行动也会变得积极。以上两点是开展营销活动时的关键，笔者觉得后者的效果非常惊人。

对于手段和技巧，只要我们理解了方法且经过练习后便能在实践中加以运用。然而，要在规定期限内签约则必须要有自己的"思想转变"。

设计"营销剧本"时，我们假定最终成交能够成交，并在此积极乐观的假定前提下设计销售流程。即使商谈途中客户持否定态度，只要我们事先思考过应对方法，也能够不被意外情况打乱阵脚，最终朝着目标前进。

下面，笔者就具体介绍一下招揽回头客的"营销剧本"。如前所述，客户的想法和状况不同，营销剧本的内容也会出现差异。我们将较为常见的营销剧本进行模式化分析。

- 成交后没有任何进展时的情况
- 成交后客户持续订购老产品时的情况

·接手其他营销人员的客户时的情况

·客户在购买之后提出索赔，成交双方交流中断时的情况

　　此外，我们在分析营销剧本时，从最初联系客户至最终签约、售后服务等都能分成以下环节进行考察（如图 14）：

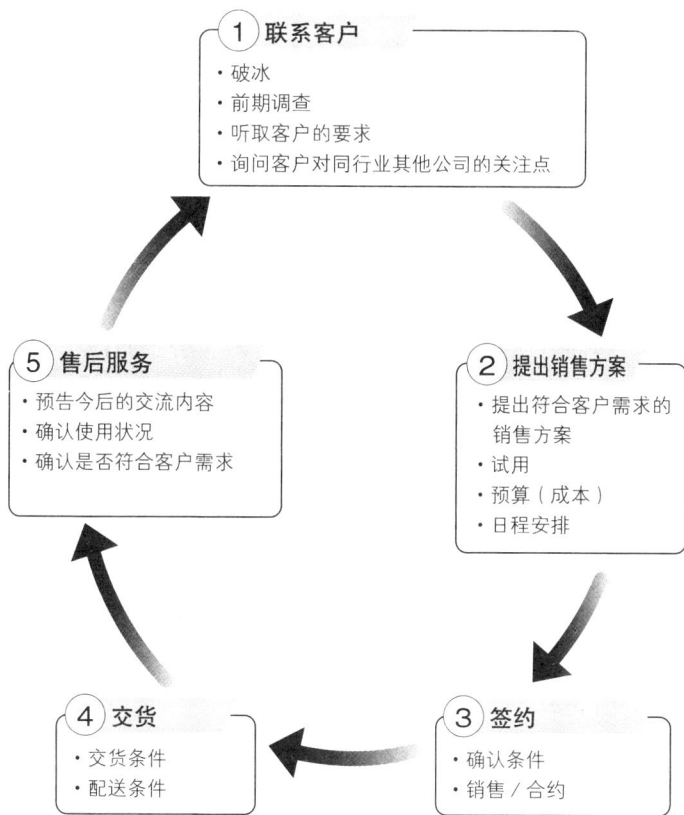

1 联系客户
·破冰
·前期调查
·听取客户的要求
·询问客户对同行业其他公司的关注点

2 提出销售方案
·提出符合客户需求的销售方案
·试用
·预算（成本）
·日程安排

3 签约
·确认条件
·销售／合约

4 交货
·交货条件
·配送条件

5 售后服务
·预告今后的交流内容
·确认使用状况
·确认是否符合客户需求

图 14　营销剧本的环节

成交后没有任何进展时的营销剧本

随着时间的推移成交双方的交流频率越来越低，实际的营销活动中这个类型最多。针对这类客户，重新取得联系时的营销剧本如下：

1 联系

◆ 破冰

营销剧本中必须包含以下内容：日常问候／时事新闻／有关客户的特殊话题（客户的兴趣、关注点、健康、工作、隐私）。

如果距上次成交后时间并未相隔太久，我们可以先充分利用以上内容展开话题。我们还需感谢顾客能给我们再次合作的机会，并且强调我们心中时刻惦记着客户。

"之前谢谢您了。"

"×× 先生／女士，您现在还跑马拉松吗？"

"之前您对 ×× 有所担心，现在的使用状况如何？"

◆ 前期调查

为了将客户引入商谈的正题，我们要做好前期调查，即听取客户目前的商品使用情况。客户将给我们如下的反馈：

· ①满意

· ②不满意

如果上次成交后并未相隔太久,客户的反馈更多的是满意。虽然这个时间点不宜提出下一个销售方案,但并非绝无成功的可能。在联系客户的环节,与客户当面交流最为关键,我们应该把精力放在预约上。

"很高兴您能使用本产品,并感到满意。能否告知我们您对产品的哪一点感到满意?我们想介绍给其他用户。"

· ③还没什么感觉

如果客户回答"没什么感觉",那么对方在购买之后稍感失望的可能性较高,但不至于买完就后悔,所以现在用户正在对产品进行确认。换句话说,这是不满意的前奏。

这时我们尚有提出下一个销售方案的机会。通过下面的对话我们可以将前期调查与新产品的推销联系起来。

"我们可以具体地介绍如何有效地使用产品,请问您能否告知我们现在的使用情况?"

· ④稍有不满

营销人员中,有人难以接受客户的不满以致怠慢联系客户的工作。然而针对客户的不满采取应对措施,能够催生出新的销售方案。

我们要明确客户的不满究竟是我们营销活动的问题？公司的问题？还是商品本身的问题？在此基础上，我们才能进行前期调查，进而提出新的销售方案。

"抱歉，给您带来了不便。请您告诉我，究竟是哪一点没有符合您的期望。"

◆听取客户的要求

听取客户的要求或问题时，如果营销人员忽视了"究竟什么是客户的要求""现在最大的问题是"等疑问，客户会难以做出回答。这时营销人员要不断重复以下问题，提炼出客户心中真正的要求：

"迄今为止，我是否有给您带来不便？为了今后的进步，请您直截了当地告诉我。"
"烦劳您列举出使用时有关性能方面的最大不满。"

◆询问客户对同行业其他公司的关注点

除了给出①、②两种反馈的客户，其他对商品不甚满意的客户极有可能会选择其他公司。我们必须在较早的阶段发现这种情况，并想办法引导客户重新回到本公司新的营销方案上。

"您现在是否有中意的其他公司的产品？"

"您和朋友谈起过的其他公司的产品，是什么样的？"

收集到的上述信息都可以作为推销商品时的比较资料。

2 提出销售方案

◆符合客户需求的商品销售方案

对于给出①、②两种反馈，尤其是对商品表示满意的客户提出新的销售方案时，为了不强行推销，我们应按照客户提供信息的程度相应地推荐新产品。

"我们这次推出了这种产品，有……的特征。如果您感兴趣，我将为您做详细介绍。"

此外，顾客的满意可以带来更多的商机。

"听到了您的满意，让我更加有自信向您介绍这件商品。××先生／女士，您的朋友中是否有感兴趣的？"

对于给出③、④两种反馈、对产品不甚满意的客户，我们可以根据前期调查收集到的顾客需求重新设计新的销售方案。

"您曾说过对 ×× 感到失望，这件商品能够弥补先前商品的不足，您一定能实际感受到它的效果。"

◆试用

如果可以试用，请你一定要充分利用这个机会推荐给客户。试用有多种形式，如试吃、试驾、展示活动、租赁、试用品等，重点在于营销人员要让顾客当场试用。

如果商品无法试用，我们可以在直接询问客户使用感受的同时建议对方签约购买。

尤其是距上次合作不到一年的客户，他们答应试用的概率很高，我们可以利用试用的机会进行推销。

◆预算（成本）

如果上次交易时卖方做出了让利，这次买方同样要求议价的可能性会很高。我们是否应该应客户的要求接受议价呢？如果不能接受议价，我们就必须准备替代方案。

"上一次是我初次参加交易活动，所以把议价作为一项学习环节。今后我是 ×× 先生／女士您的专门负责人，会进行细致的售后服务，估价方面请您多加谅解。"

◆日程安排

商品送到客户手中的时间越早越好。日程安排有两种类型,一是签订合约后立即发货,二是提前发货。

关于后者,我们可以先和客户签约,也可以让客户预约。

3 签约

如果距上一次合作时间间隔不长,那么我们拿下客户订单的过程会比较顺利,但也不能掉以轻心。我们要设想有关销售的各种条件。

◆确认条件

确认估价单的内容(交货概况、估价金额、交货时间、估价有效期限等);

确认支付条件(支付能力、支付方法、议价范围等);

确认商品概要(规格、优先级、疑问事项、注意事项、保障内容、服务体制等);

确认商品使用环境(尺寸、消耗电力、场所设置、客户的使用技巧等)。

◆销售／合约

和客户确认好各种条件后,成交双方签订合约,这样我们就完成了销售目标。在编写"营销剧本"时，设定销售、签约的时间非常重要。

尤其是针对刚合作过的客户，我们可以预测出他们对新销售方案的关心程度，据此设定销售、签约的时间。一旦设定了时间，接下来的工作流程便会——浮现。

4 交货

成交后成交双方一手交钱、一手交货。但大型货物或尚未发售的货物、库存量少的货物等，我们必须确认交货时间。汽车、住宅等需要数月才能提货交钥匙，对于这类不能立即交付的货物，营销人员必须把中期报告、交付前的确认事项等纳入营销剧本，如此周到的服务才能让客户放心。

◆交货条件

◆配送条件

5 售后服务

头回客变成"休眠客户"的最大原因在于营销人员没有设计售后服务的剧本。

将售后服务提上日程，巩固与客户之间的关系后，我们就能创造出第二次交易的机会。

◆预告今后的交流内容

◆确认客户的产品使用状况

◆确认客户的需求

成交后客户持续订购老产品时的营销剧本

成交后客户持续订购签约产品，或购买维修、补充品等，双方保持着一定的贸易关系。这类客户是营销人员最易提出新销售方案的类型。

如果把此类型的顾客单纯归类为"持续订购老产品的客户"，我们会白白错失销售良机。

对这类客户提出新的销售方案时，在编写营销剧本的过程中要预想以下几点，然后再联系客户。

> ·客户对现在的商品和服务满意吗？
> ·对于现在的商品和服务，客户是否有希望添加的功能或服务内容？
> ·交货时，营销人员与客户是否有接触？
> ·除了现在使用的续约服务，客户是否有其他感兴趣的方面？

以这些问题为突破口，营销人员可以将问题的答案融入到新推荐的产品中，并参照前面列举的例子，预想各营销环节的具体情境，然后采取相应的对策。

客户偶尔主动联系时的营销剧本

有时客户会出乎意料地主动联系营销人员。在商家看来，这类顾客并不是推销新产品的第一目标客户群。

那些很难继续签约的客户，随着时间的推移，他们身处的环境也会发生变化。对于这类客户，我们所掌握的信息还停留在上次的交易时期，所以首要任务是把握他们的情况变化。

顾客主动联系我们，意味着成交双方没有交流时对方还记着我们。

对方没有选择其他公司而是我们公司，也说明顾客对我们抱有一些亲切感，对我们的产品和服务满意。

有了这些前提条件，我们就能与顾客重新建立联系。通过拜访客户，我们要正确把握对方前来咨询的背景，由此找出销售突破口。

· 上次交易后，客户的环境发生了何种变化？

· 客户如何评价之前购买的商品？

· 客户对本公司有何要求和期望？

· 客户需要何种商品？

接手其他营销人员的客户时的营销剧本

有时我们会接手有人事调动的职员或退休职员的客户，这是与曾经交易过的客户取得联系的大好机会。

所以与前任负责人进行交接时我们不仅要接收顾客名单，还要尽可能地收集包含与客户的交流等的具体信息。从这些具体的对话中我们能够向顾客致以问候。

"初次见面，请多关照。因为之前的同事 × × 发生了人事调动，今后由我专门负责与 × × 先生 / 女士您的洽谈工作。"

"您使用过本公司的 × × 商品，请问有何使用感想？"

"我负责 × × 的营销工作已经有些年了，能否询问您的使用体验？"

联系客户时，要以"顾客可能感到不满意"为前提，通过征询意见寻找推荐新产品的突破口。

尤其要通过以下三点找出问题点。更换负责人后，客户较易倾诉不满，我们要有意识地询问。

· 之前的负责人应对客户时是否有问题？

· 客户对商品是否感到不满？

· 客户对服务是否感到不满？

接下来，我们要询问"客户对哪点满意，对哪点评价很高"。

那些客户给予高度赞扬的方面，我们要在今后的营销活动中继续保持。若非如此，客户会抱怨更换负责人后商品或服务的品质也随之下降，这样新产品的推销工作也会很难开展。

因索赔导致成交双方绝交时的营销剧本

这是营业活动中最让人头疼的类型。设计新产品的营销方案时，我们首先要分析绝交后是否还有推销的余地。

> · 客户一看到负责人的脸就联想起问题，不愿见面。
> · 经过短暂的冷却期，客户视商家的态度决定是否交流。

第一种情况下成交双方肯定发生过非常严重的不愉快，商谈时我们有可能触怒顾客，所以最好不做深究。

第二种情况下我们难以判断顾客对我们的印象是否有所改观。然而也有很多实例说明索赔发生后如果商家应对得当，顾客也会成为商家的拥护者。索赔后营销人员想要推销新商品，首先要正确把握顾客不满的主要原因，这是新销售方案的重中之重。

> · 针对商品本身
> · 针对待客服务及操作
> · 针对营销人员的态度
> · 针对企业的态度
> · 客户的个人情感

　　如果我们调查清楚了顾客不满的原因，就可以时刻注意并循序渐进地展开营销活动。

　　顾客最初可能会回应少或态度冷淡，但我们要相信，精诚所至金石为开，真挚的态度和诚意一定能打动顾客。抱着这种信念，我们要忍耐联系过程中的种种挫折，因为最终一定能进入新产品的推荐环节。

成交时，让客户感到"啊，大有进步"

大家都知道，提出新的销售方案是营销活动中最重要的环节。对于销售和合约，签约则是最重要的环节。

在签约环节，我们必须设想客户会进行的各种确认活动，并相应地准备好应对之词。

对于头回客，如果预先准备了应答，客户便能从我们缜密细致的销售规划中感受到我们的热情与诚意："啊，大有进步！"

1 YES、BUT 法（间接否定法）

这是接受顾客的意见并进行反驳时的说话方法。如果我们贸然反驳，与客户的商谈将产生摩擦。而使用这个说话方法后，顾客也会认真倾听我们的异议。

顾客："我现在不缺这种商品，过一阵子再说吧。"

营销人员："谢谢您如此爱惜地使用我强力推荐的商品，而且这件商品现在还挺新的，您可以以旧换新。今天我想向您推荐一款新产品，它与老产品相比性能和档次都有很大提升，体积也更小。"

2 提问法

顾客听完我们的推销后会提出反对意见，而我们对此进行

"提问"，便能明确客户的反对理由究竟是一针见血地指出了问题？还是为了岔开结论？由此找出应对之策。

这种说话方法不仅适用于签订合约，在许多场合都能收到效果。

· 营销人员不用反驳也能说服顾客
· 和顾客的谈话不会产生摩擦
· 顾客自己能够理解问题的本质

顾客："即使我同意，我太太不答应也没办法啊。"

营销人员："这样啊，就是说如果夫人点头一切就都OK吗？"

3 举例法

商谈进入最后阶段或营销人员才思枯竭时，我们对客户的担忧可以列举类似的故事和寓言，这就是举例法。采用这种说话方法能够促使对方做出客观的判断。

顾客："我的身份还不符合这个健身俱乐部的会员资格吧？"

营销人员："请别担心，前几天年轻的白领××先生/女士也成为会员了呢。"

4 灵活运用资料

与客户的问答中，有时营销人员无法恰当地反驳或被顾客的气势压倒。这时，如果我们采用营销工具（产品目录、资料、试用品、样品、实物）等作为对话的辅助手段，便能增加说服力。

顾客："我这个年纪无法自如地操作这样的机器吧？"

营销人员："您看，这是实际使用客户的年龄比，有很多您的同龄人呢。肯定没问题的。"

5 顾客要求降价时的应答技巧

在最后的签约阶段，客户经常会提出降价或优先条件，这是进入谈判尾声一定要占上风的心理表现。因为做出购买决定的是消费者自身，所以我们可以不做妥协，转而引导顾客自己做出判断。

顾客："我想买，但价钱方面能不能再优惠点？"

营销人员："我理解您的想法，但我们也一再强调过，这个价格定位是对消费者的承受能力经过考虑的，所以这点恕难从命了。不过，既然您有购买的意向，不如我给您介绍一款档次稍低的产品？"

6　顾客将我公司的产品与其他公司的产品进行比较时的应答方法

有时，营销人员已经在推销新产品时向消费者比较过其他公司的产品，但签约阶段顾客再度回到产品比较的话题。这也是客户的一种自我说服行为，他们想要获得"即使如此，我也要选择这家公司的产品"的确切证据。

虽然我们又要重复同样的话题，但不需要悉数汇报公司的优势和特征，只要针对顾客最关心的几点，通过与其他公司对比强调自身优势即可。

顾客："B 公司同样的价格也有相同的功能呢。"

营销人员："是吗？我们公司非常讲究制作工艺，品质可以说是业界第一，请您放心地选购吧！"

签订合约不仅是确认销售相关的规章，我们还要对顾客提出的各种担忧做好心理准备。我们很难在现场做到随机应变，所以为了让顾客放心购买，我们必须预先思考上述问题的应答方法。

第 **4** 章

「提问的能力」，让接单率有飞跃性的提升

通过提问让客户吐露心声

想和客户顺利地展开商谈，开门见山地推销新商品太过唐突。进入具体的商谈之前需加入"破冰"环节。这是因为对话伊始双方容易陷入尴尬的局面，而破冰环节能够缓和气氛。

破冰环节有一定的流程。最初使用"封闭式问题"，让对方能够单纯回答"是"或"不是"。气氛得到缓和之后，便可加入让对方自由回答的"开放式问题"，谈话也能逐渐深入。

我们可以选择天气或时事新闻等话题，但重点在于破冰时要意识到对方是头回客。

◆ "封闭式问题"的对话范例

营销人员："最近白天越来越短了呢。"
（＊此问题适用于任何类型的人）
顾客："是啊。"

营销人员："这个赛季巨人队进入了决赛，很厉害啊！"
（＊了解对方是"粉丝"之后才能提出这个问题）
顾客："可不是嘛，太厉害了。"

营销人员："最近天气冷了，您还晨跑吗？"

（＊了解对方的兴趣之后提出的问题）

顾客："是的。"

如果我们能够完美地掌握此种破冰法，接下来的中、高级破冰法中我们可以试着将"连续肯定"的题目加到"封闭式问题"中。

所谓"连续肯定"，即重复提出对方只能回答"Yes"的问题。人的深层心理中具有"一贯性法则"，连续肯定之后便很难说出"No"。我们通过营销活动希望顾客最终能回答"OK"，所以我们要灵活地运用这种心理效应。

营销人员："前门旁边的鲜花开得真美。"

（＊先了解花开之前的状态才能提此问题）

顾客："是啊，很漂亮吧。"

营销人员："植物只需稍加修整就能绽放，真让人舒心啊。"

顾客："可不是嘛！"

营销人员："生活中处处有绿意和鲜花，人也会变得温和、清爽。"

顾客："确实啊。"

实际上，商业谈判不可能仅通过"连续肯定"就成交，但灵活运用"连续肯定"会让商谈的氛围变得积极。

◆ "开放式问题"的对话范例

当我们和客户的你来我往顺利展开后,话题中便可加入"开放式问题",让客户诉说自己的想法。真正进入商谈后,总会形成营销人员话多而客户话少的氛围。如果能在破冰环节设计一个流程让客户发表意见,那么进入商谈阶段后客户依然能畅所欲言。

图15　与头回客商谈时的破冰话题

笔者希望大家不仅将"破冰"当作缓和气氛的闲谈,还要将其应用于信息的收集。从个人近况、上次的商谈中,我们一定能找到开启商业谈判的关键点。

破冰不是开门见山就提抽象的问题，从易于对方回答的"封闭式问题"入手会取得良好的效果。

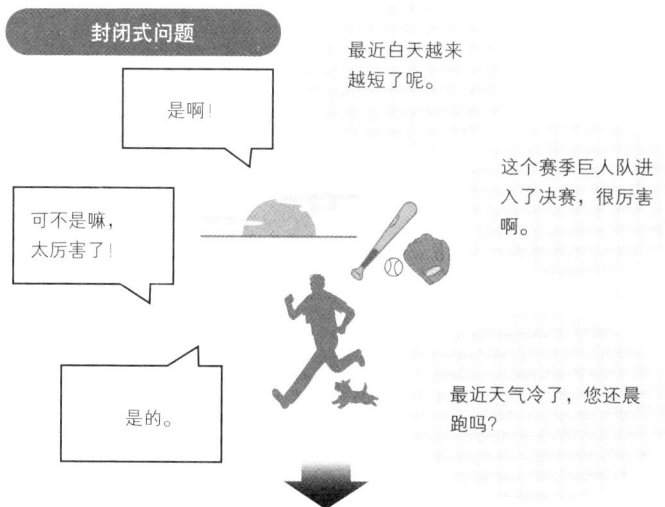

封闭式问题

是啊！

最近白天越来越短了呢。

可不是嘛，太厉害了！

这个赛季巨人队进入了决赛，很厉害啊。

是的。

最近天气冷了，您还晨跑吗？

通过"封闭式问题"让对话顺利展开之后，通过"开放性问题"向商谈的主题逐渐靠拢。

开放式问题

跑步时最好别穿质薄的衣物或几件叠穿，要选吸汗的……

慢跑这样的运动会让人出很多汗，您会选择什么样的穿着呢？

图16　封闭式问题、开放式问题的对话实例

一决胜负的"第三次成交"的禁忌

商谈中成交双方的对话比例应以 8∶2 为目标。

顾客说的话占八成，营销人员说的话占两成。笔者在营销培训的课堂上经常提到这个比例。学员们听了会大受冲击，反问道："啊？老师，以这个谈话比例是无法形成商谈的。这样的话，我们对客户做不了任何产品说明。"

"你刚刚说这个谈话比例无法介绍产品，也无法说服顾客，但你想想，客户愿意一味地听我们夸夸其谈吗？他们愿意被我们强行说服吗？"

经笔者这么提示，学员们都是一副"原来如此"的表情。

我们当然很难瞬间达到这个比例，但经过不断地商谈，客户会逐渐打开话匣子，所以请大家最终以 8∶2 为努力的目标。

为拿到第一次订单，营销人员的提案力非常重要。为第二次拿到订单，我们需要说服客户成为公司的拥护者。

实际上，第三次的订单才真正检验我们的营销能力。

顾客并不会仅因营销人员的巧言善辩做出购买决定。第三次交易的重点在于如何让顾客吐露心声。

也有的营销人员擅长以喋喋不休的推销方式提升业绩，但为数不多。如果我们推销时按照宣传册、产品目录的顺序进行说明，那对不感兴趣的客户而言无疑是一场拷问。

有效地区分使用两种提问的方法

那么，我们该如何让顾客尽量多说话呢？

"提问"即可。

正因为对方是交易过一次的客户，所以提问法能够有效地发挥作用。如果我们面对新客户时也采用提问法，对方将产生以下情绪：

"我不愿对陌生人谈起自己的事情。"

"我们才第一次见面，为什么我要回答各种问题呢？"

"明明才第一次见面就问东问西的，真是厚脸皮啊。"

只有面对曾经合作过一次的客户，提问法才能够顺利地施行。请你一定要充分发挥提问法的优点。

提问时不能即兴发挥，像比赛前要进行短跑练习或热身一样，提问时也要从共同话题开始切入正题。

笔者刚才也提到，提问主要分"封闭式提问"和"开放式提问"两种。我们可以在句子中分别使用两种提问的方法。

◎ 封闭式问题

封闭式问题多用于谈话伊始，目的在于使商谈的内容逐渐具体化。

通过封闭式问题，成交双方能更顺畅地交谈，也能营造出轻松的谈话氛围。

营销人员："您已经安排好暑期活动了吗？"

顾客："是的，打算去冲绳。"

营销人员："之前您申请的资料，我已经给您寄出了，您收到了吗？"

顾客："是的，昨天收到的。"

营销人员："您参加体育运动吗？还是喜欢观赛？"

顾客："总的说来，应该是观赛吧。"

另外，进入商谈正题后确认对方的"意见"、获得对方的"意见"、催促对方"做决定"时，也能充分利用封闭式问题。

营销人员："A 和 B 中，您喜欢哪个？"

顾客："总体来说喜欢 B。"

营销人员："那么，您看这个款型如何？"

顾客："不错。"

营销人员："明天您能给予答复吗？"

顾客："明天我出差，今天我答复你。"

为了让客户能愉快地签订合约，我们的谈话首先从封闭式问题开始，等到商谈进入关键部分或成交时再次使用封闭式问题以明确客户的想法。

◎ 开放式问题

与封闭式问题不同，因为得到的答复来自顾客的心声，所以我们能收集到言外之意等各种信息。

营销人员："您喜欢什么款？"

顾客："我没有什么特别喜欢的设计，只要与众不同就行。"

营销人员："如果您中了一亿元的彩票，您准备怎么花？"

顾客："先还清贷款，然后再买心仪许久的古董车。"

营销人员："离车检还有一年多时间，为什么要考虑换车呢？"

顾客："混合动力车已经降价了，妻子也考了驾照。"

如果营销人员漫无目的地问开放式问题，最终会把商谈变成杂谈。开放式问题是一种谈话技巧，它能帮助我们捕捉顾客需求、寻找让顾客购买新产品的契机。我们要时刻记住开放式问题的功能，并充分加以利用。

顺利开展"交叉行销（cross sell）"的提问方法

你是否也有过这样的经验？我们网购时选择了一件商品，网页上自动出现相关产品及"选择本商品的用户还购买了这样的商品"等信息，于是我们顺便购买了推荐的商品。

这叫作"推荐服务"，这种功能对促进顺便购买、提升营业额非常有效。

实际上，我们的生活中充满了这样的推荐服务。

例如，当我们在家庭餐厅看菜单时，面类等单点菜品里还会搭配一份小份盖饭。超市的蔬菜区里会搭配销售调料。

"交叉行销"能通过提示目标商品的关联产品向顾客展示更加真实的商品使用情景，提高顾客的购物欲望。所以它会拉动营业额的增长。

沟通交流有助于"交叉行销"的顺利进行。但通常营销人员在向顾客进行推销时，顾客多处于被动地位。所以营销人员很难像网购那样拿出相关产品询问客户："您要不要考虑这个？"并说服对方购买。

那么，我们应该如何做？没错，通过巧妙地使用刚才介绍过的两种提问方法"封闭式问题""开放式问题"，就能提升销售额。

然而，很多营销人员与客户进行第二次洽谈时对是否使用"交叉行销"犹豫不决。笔者曾询问过学员原因是什么。

"全副精力都放在推销目标商品上，没有余力推销其他商品。"

"好不容易说服客户签约购买我们推销的商品，这时如果再提其他产品，商谈有可能大势不妙……"

"推销来推销去，总感觉客户看穿了我们只关注营业额的居心，自己不想这样。"

"我知道通过交叉行销能提高营业额。一般在商谈最后只略微地提及。"

笔者听到这些意见后大为惊愕："大家只顾着营销方法、说话技巧等老问题，却忘了身为营销人员的使命啊！"

我们为什么要使用"交叉行销"？它确实有拉动营业额增长的效果，但如果以交叉行销为主要目的，那么我们的营销活动就会变得瞻前顾后、举棋不定。

"交叉行销"本质上是"为顾客"提建议的营销方法。

例如房地产销售，仅住房本身就是相当高额的商品。但考虑到消费者能够长期舒适地居住、将来能源系统有稳定的保障、削减能耗成本等问题，即使要另付数百万日元的预算，就蓄电系统提出购买建议也是为了顾客着想。

这个过程中，通过与顾客的长期互动收集到的信息及人脉关系非常重要。

有一位顾客曾购买过住房，退休后想考虑购买一处能建家庭菜园的住宅，但主要目的还是购房。我们给这位顾客推销住宅时，可以设想以下对话：

营销人员："您一直憧憬亲近大自然和绿色的生活吧？"

顾客："是啊，终于退休可以不用上班了，想有个贴近自然的生活环境。"

营销人员："夫人很擅长烹饪吧，想必也希望使用有机蔬菜作为食材吧。"

基于过去收集到的信息，我们在以上对话中采用了封闭式问题。接下来，我们将根据对方的反应和意见转而使用开放式问题。

营销人员："我根据您的要求挑选了几处房产，您看如何？"

假设之后的商谈不断地深入，客户最终确定了一处中意的房产，那么我们可以试着加入"交叉行销"。

营销人员："话说起来，您非常注重环保，您是否关注过家里使用的电力等能源？"

顾客："是的，自从地震灾害以来，我开始关注家里使用的能源。"

营销人员："就像自己想建造一个食品安全的环境一样，您是否考虑过自己保证能源的方法？"

顾客："还有这种方法吗？"

营销人员："有个产品叫个人住宅太阳能系统。要在您中意的住宅内安装这种系统并非难事。除了能保障自家用电，多余的部分还能卖给电力公司。"

顾客："但是，很贵吧？"

营销人员："确实初期的安装费有些贵，但想到它能保障您的生活，并且很环保，我相信它绝对有价值成为您生活的一部分。"

顾客："这样啊，你再说详细点儿。"

笔者强调过很多遍，"交叉行销"绝对不是营销方以扩大利益为目的而展开的一种行动，为顾客的购物提高附加值是它的首要着眼目标，所以采用"交叉行销"可以提高商谈成功的概率。

"向上行销（up sell）" = "情况" + "建议"

　　充分利用顾客选购的商品信息，让顾客同时购买提升产品附加价值的其他商品——这种方法就是"交叉行销"。除此之外，还有一种营销方法叫作"向上行销"。

　　向上行销是基于客户之前购入的商品进而推销更高档的商品以提升销售单价的营销方法。用一个简单的比喻，这就像推销丰田"皇冠"给一直开"卡罗拉"的人。

　　与之前介绍的"交叉行销"一样，"向上行销"也能最终提升营业额。然而，如果仅提高商品价格而不把客户的利益放在第一位，"向上行销"最终也无法成立。

　　对回头客使用"向上行销"时有几个重点：

- 客户已经不喜欢用之前购买的商品
- 客户的购买能力较以前有提升
- 客户需求的商品规格较以前有提升
- 使用商品的能力和熟练程度有提升
- 客户喜欢追求高品质
- 客户对商品的满意度中他人的评价和关注占较大比重
- 客户喜欢关注新商品的新功能和新趋势

"向上行销"可从以下三点中的任何一点进行推销：

1　客户不再满意现有产品，推销的新商品将作为替代方案
2　将新商品作为满足客户自尊心、提升客户精神满意度的手段
3　新产品的推销方案符合客户的购买能力

如果我们的推销与客户需求、时机相吻合，在运用"向上行销"时还可以采取单刀直入的方法推荐客户购买。

营销人员："您一直使用这款商品，它马上就要到使用期限了，您是否考虑使用一款新产品？"
顾客："是啊，价格只贵 ×× 日元，我试试新的吧。"

成交双方的对话只有在"需求"和"时机"都吻合时才能进行得如此顺利。接下来，我们试着分析一下提问方法中的诱导性提问法。

1　客户不再满意现有产品，推销的新商品将作为替代方案

营销人员："您的积分卡类型是 100 日元积 1 分，您觉得有使用价值吗？"
顾客："到积分可以兑换需要很长时间，所以使用频率没有以前高了。"
营销人员："如果积分兑换率高的话，您会多次使用吗？"

顾客："是的，因为我经常买东西。"

营销人员："这样的话，我们还有一种积分卡。年费会提高一些，但 100 元能积 2 分，1 年有多次奖励积分。您看如何？"

顾客："积分是现在的 2 倍，不错啊。"

我们明确了客户的不满之处，再通过重复提问引导客户吐露心声最终找到了弥补方法，接下来就能进行"向上行销"了。

2 将新商品作为满足客户自尊心、提升客户精神满意度的手段

营销人员："您知道吗？来年春天，号称是我们公司的'梦幻名车'的跑车将重新限量生产。"

顾客："知道。之前还有相关报道。"

营销人员："那是我们公司在您大学时代出品的车。"

顾客："是的，那时候电影明星都开它，那也是我梦寐以求的车啊。"

营销人员："如果车出现在您的车库里，您看如何？"

顾客："那我每天都要把它擦得锃亮，喝咖啡时也要一直看着它。"

营销人员："您不想现在实现学生时代的梦想吗？"

顾客："但它比我现在开的运动型轿车贵很多啊。"

营销人员："如果讲求实用性，它确实是一件单纯的高额商品。但它对您来说是一直以来的梦想，这难道不正是这辆车的魅力所在吗？"

当涉及到顾客的自尊心时，比起论述商品规格的优势，通过提问法让顾客想象与商品相关的事物、想象购买之后自己的状态，这才是重点。

3 新产品的推销方案符合客户的购买能力

营销人员："您签约的有线电视服务只适用于客厅的电视，是不是非常不便？"

顾客："严格来说，如果在卧室和书房也能看的话就更好了。"

营销人员："如果有好几个房间的话，每个房间都能看电视的话确实很方便呢。"

顾客："是的，我经常在卧室看电影。"

营销人员："这样的话，不到两倍的合约金、可供三个房间看电视的套餐您觉得如何？"

根据顾客的购买能力推荐商品时分两种情况：顾客的支付能力提高，以及顾客熟练使用现有商品后需要更高规格的商品。

不论是哪种情况，我们通过提问明确了客户现在使用的商品是否符合其要求，便能采用"向上行销"提出销售方案。

针对不同类型的客户，使用不同类型的提问法

我们能与客户合作，属于一种难得的缘分。随着商谈与接触次数的增加，我们必须加强与客户之间的"关系"。然而，仅有的几次拜访无法拉近我们与客户之间的距离。

研修课堂上也经常有学员绩效不佳，与顾客的关系却甚密。

笔者："你的业绩总上不去，是与客户的私交没搞好吗？"

学员："不是的。和客户是'在附近就过来坐坐'的关系，可以不预约就见到客户。"

笔者："从某种意义上来说这很厉害啊。你访问客户时是带着目的而去吗？"

学员："是的，我有目的。今天是提出这个方案，或者收集顾客购物后的感想等信息。"

笔者："收获如何？"

学员："不大清楚，我和顾客一见如故，总是相谈甚欢，最后不得不把正事推到下次会面……"

与客户的谈话逐渐深入，我们会感到双方的关系很牢固，也容易认为自己已经掌握了客户的个人信息。确实有这种可能，但客观地来看，我们就单纯地变成了客户的聊天对象而浪费时

间和精力。

人都有自己的性格，人与人的交往也要看缘分。为了提高营业效率，我们必须思考如何在短时间内通过较少次数的交流与顾客建立关系。

对于头回客，我们要观察与他们的各种交往过程并对他们进行分类，针对每类客户都运用相应的交流方式，这样我们就能进行推销。

1 自信型

这类客户性格外向，且重视理论，有以下特征：

> ・喜好议论，想要贯彻自己的想法
> ・讲话时先从结论入手的理性思维方式
> ・重视结果，不怎么考虑情感
> ・虽然表情丰富，但比较严肃

◆应对方法

自信型客户的自尊心很强，如果我们加以反驳，对方会变得有攻击性。此外我们还要注意，如果这类顾客被过分奉承的话对方可能会高谈阔论，谈话内容会逐渐偏离我们的计划。应对方法如下：

> ·谈话时从结论入手，然后陈述理由
> ·提问时，明确问题的目的和意图
> ·提问时不要过于深究
> ·一定要准备好如何回答提问后的反问

◆提问的范例

不要过多谈及其他话题，避免拐弯抹角，根据客户的价值观不断地提问，做结论时要态度明确地请求客户答复。

"您一直注重环保，有具体的基准点吗？"
"我们公司的 ×× 就能解决您的担忧，您认为如何？"
"希望您实际感受一下，请问下周您有时间吗？"

2　喜怒哀乐型

这一类型的顾客性格外向、感性，有以下特征：

> ·表情丰富、爽朗
> ·喜欢愉快地交流、寒暄
> ·比起结果，更容易偏重情感
> ·容易以主观作为判断基准

◆ 应对方法

喜怒哀乐型客户与人接触时充满善意。要想顺利地开展交流，我们也最好采取友善的态度，比如适度地夸赞对方，谈话中涉及一些对方擅长的领域等。

但很多情况下谈话内容容易发散，所以我们要带有明确的目的进行交流。以下是应对方法：

- 谈话之前必须要进行寒暄等破冰环节
- 谈话过后要加入一些对对方的夸赞
- 首先告知对方商谈的目的
- 控制好对话，以防谈话内容顺着对方的话语发散开来

◆ 提问的范例

不要把商品介绍作为开场白，应从客户的相关需求入手逐步将话题引入正题。

我们在征询过客户的意见后要予以肯定，提问时从推荐商品的概要入手，同时将话题引至具体的内容，这样就能顺利地展开话题。

"您的见解果然高深，我也学到很多知识。"
"您对我们公司的 ×× 有何想法？"
"原来还能从这个观点进行评价，谢谢您的指教。"

"这个商品有这样的功能，我们相信这是其他公司的产品所不具备的，您一定能有效地使用它。您觉得如何？"

3 评论家型

这类客户性格内向、注重理论，有以下特征：

- 缺乏表情，感情不外露
- 擅长说理
- 重视工作的过程和规则
- 对感性、直觉等缺乏根据的事物持怀疑态度

◆应对方法

评论家型的客户会比较仔细地聆听我们的话语。因为他们在谈话中比较沉默，所以我们在对话时容易在不知不觉间以自我为中心。

这类客户即使一边点头、一边聆听，实际上也多有疑问和意见，所以我们要通过提问确认客户的想法。应对方法如下：

- 说话要详细
- 推销时需要以数据和理论做支撑
- 对方喜欢业界动向、销售实绩的事例
- 先告知商谈的目的

◆提问的范例

我们对产品介绍到一定程度后，要确定客户是否有意见或疑问。因为客户不大表露意见，所以我们要仔细确认，同时将谈话导向结论。

"您以前说过对××有意见，后来这个问题得到解决了吗？"

"最近我们公司推出了一项服务可以实现您的需求。今天请允许我就此做一下介绍。"

"与之前的产品相比，××是新的功能。您对这点是否感兴趣？"

"××比之前提升了30%，您了解这个特征吗？"

4　协调型

这类客户性格内向、重视情感，具有以下特征：

- ·不擅长自己发起话题
- ·重视人际关系
- ·不怎么表露自己的感情
- ·对事物的判断基准偏向保守

◆应对方法

协调型客户在与对方熟悉之前很难主动开口，一旦相互了解了便态度和善。所以我们不能回避客户的话题，投其所好是重点。

- 先破冰，再商谈
- 对方主动发起话题后，我们慢慢地转变为听众
- 不要连续催促对方快速做出决定或判断
- 重复对对方的赞同，倾听到最后

◆提问的范例

提问时不要以商品的介绍为中心，而应侧重让顾客想象使用商品时的场景，这样会获得较高的认同度。此外，提问时尽量围绕"封闭式问题"展开，讲解重点时多采用"开放式问题"，这样可以创造一个成交双方都能畅所欲言的氛围。

"××先生／女士，如果您有一个月的假期，请问您打算干些什么呢？"

"您想在国内旅行呢，还是去国外旅行？"

"不是一般的背包旅行，您对主题旅行计划感兴趣吗？"

"您希望有什么旅行主题？"

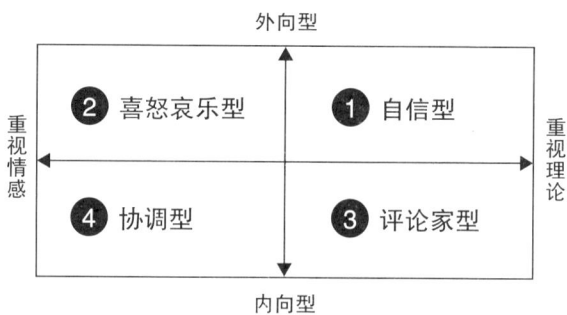

图17　了解四种客户类型

顺利取得预约的提问法

大家在预约客户时是否有过这样的经历：对方常以"现在我很忙"为托辞谢绝会面，而且这种情况不限于头回客。

笔者开办的营销人员研修班中也有很多吃过闭门羹的学员。笔者询问他们是如何被客户回绝的后，发现有以下三种类型：

① "我现在有点忙，下次吧。"
② "我没兴趣，谢谢了。"
③ "现在的东西就很好，不需要新的。"

客户以这样的理由拒绝时，我们该怎么办？①以忙为借口，当然确实存在这种情况，但②、③都直接表明"你没有见面的价值"。

这是顾客对之前商谈的差评印象和营销人员拙劣的电话预约技术相互作用的结果。关于后者，我们必须立即改善以提高预约成功的概率。

笔者分析了上述学员拿不到预约的原因，发现几乎所有人都走到了一个共同的死胡同——"预约的主动权转到了客户手中"。

如果认为因为我们是按照自己的安排占用对方的宝贵时间推销产品，而深怀歉意，就大错特错了。

营销活动原本就是孤掌难鸣之事！我们的目标是解决顾客的问题、向顾客提供满足感，所以宣传和推荐正是我们的工作。最终的购买和签约由顾客自己做决定，所以我们不能把时间浪费在自我怀疑上。

对于交易过一次的客户，你是否曾进行过这样的电话预约：

"抱歉，在百忙之中打搅您，能否占用您一点时间？"

"我们公司最近研发了××产品，请您一定听听介绍……"

"下周您方便时，我想向您介绍一下本公司的新产品……"

这些都是"请求营销"的典型电话预约方法。如果我们这样请求客户，对方自然而然地就站在了优势立场上，而获得了商谈的主动权。求人本就带有目的，当目的昭然时，便会遭到对方的拒绝。

什么样的电话预约法才能避免"请求营销"？什么样的预约方法才能让自己掌握主动权？这需要你自信的说话方式、高涨的情绪、威严的气势。下面笔者介绍几个方法：

1　在脑海中想象电话预约时的"剧本"

如果打电话时客户态度差，比如第一句话就不和善或敷衍我们，我们就会焦虑地认为："看样子拿不到预约了。"于是我们的声音也变得黯淡，说话也结结巴巴，有的营销人员一紧张还会絮叨一些没必要在电话里说的事情。

应对这种情况的重点在于，想象我们推荐的产品对客户大有裨益、客户对商品格外感兴趣的场面，同时设计预约成功的剧本，并在想象中进行彩排。

2　在打电话预约前，确保我们的嗓音状况良好

图像学习（Image Learning）本质上是在脑海中通过想象进行预演。电话预约时对方看不见我们的脸，所以声音的声调和强弱非常重要。

我们在打电话预约前先试着想象和目标客户通话，顺着这股势头再真正给客户打电话，这样便能发出自信的声音。如果可以，我们还可以在公司的同事面前演练。总之，在真正拨通电话前我们要进行预演。

3　编写电话预约的台词

为了电话预约时双方能够顺利地交谈，我们要编写"电话预约的台词"。电话预约的专业公司等也一定会草拟对话的台词。通过这种方法，员工们能沉稳地在电话里与客户商谈。

如果设计好了台词，不仅有助于我们将谈话引向主题、在谈话中加入顾客感兴趣的关键词，还能帮助我们掌握应对顾客

的谈话技巧。

我们打电话的目的是为了预约，所以对商品进行的推销说明应控制在一分钟左右。随着电话预约经验的不断增加，我们会不断地改善谈话技巧、提高精确度。

4 由营销人员主导的高概率取得预约的提问法

刚才笔者也说到，营销人员要掌握谈话的主动权，不能请求客户，请大家一定要牢记这一点。因为我们已经与客户有过一次交易成功的记录，所以我们要最大限度地利用这个优势。

首先，将谈话的结构定为："寒暄"→"客户的需求"→"提供／推荐信息的目的"→"预约"。

"好久不见，最近您还好吗？"

"上次见面后，您又创造了不少陶艺作品吧。"

"我记得您曾说过希望改进××，所以我想致电给您。"

"有很多人咨询这件商品，所以我们想优先介绍给老客户，请您一定看一看。"

"下周的前半段或后半段，您什么时候方便？"

我们在电话预约时一定要加入上次商谈时收集到的信息。至于推销的目的，我们不能说"本公司想向您介绍"，而要以"解决客户的需求""提升客户的满意度"等观点告知对方我们的目的。

此外，在预约时我们要采取这种提问方法：不要询问对方空闲的日程，而是请对方在我们提示的日程中做选择。

某公司在预约时坚持贯彻此谈话法，最终获得预约的概率较之从前提高了 140%。

如果客户自己定时间，往往会犹豫不决"好像还有别的约定，没准儿得去那儿啊"，最后变成"请下周再联系我"。然而，如果我们促使对方做出选择"周三和周四下午，您哪天会在"，客户将会诚实地做出选择。

营销人员首先要和顾客见面，无法见到顾客则一切都是空谈。请大家一定要试着学习使用这些高概率获得预约的方法。

第 **5** 章

『洞察力』，让接单的要点『可视化』

"言语之外的信息"是第三次成交的关键！

　　客户信息能帮助营销人员与客户顺利地开展商谈。然而，如果想拿到客户的第三张订单，我们不能仅满足于商谈时听到的信息，因为这里有一个影响成交双方今后能否继续交易的巨大屏障。对此笔者问过学员收集客户信息的方法，他们的回答如下：

　　学员："营销人员拿着检查表访问客户，询问客户的需求及客户的购买环境。"
　　笔者："具体来说呢？"
　　学员："想买的产品型号、预算、预计交货日期、考虑过的其他公司的产品、支付条件等。"
　　笔者："原来如此，问这些的目的是什么？"
　　学员："为了防止最终签约时有疏漏，这些工作连经验不足的新人也能胜任。"

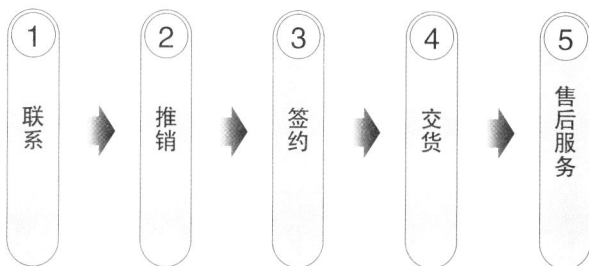

通过"收集信息"让商谈的流程和客户的需求"可视化"，由此一步步地顺利推进营销活动。

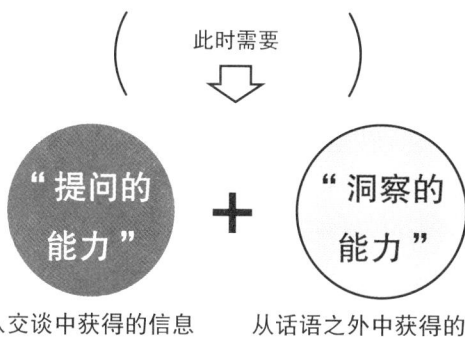

通过发挥"提问的能力"和"洞察的能力"，我们能收集到重复销售所需的信息。

图18 让接单的重点"可视化"

我们通过拜访客户收集信息，是为了保证签约之前不在任何环节有疏漏。与目标客户见面，详细询问所有应当了解的事情。然而，这就是我们拜访客户的全部目的吗？

实际上，收集信息的最大目的在于让商谈的流程和客户的需求"可视化"。

那么，为了让客户需求"可视化"，我们应选择何种时机收集信息？

首先，从客户身上收集到的信息大致分为以下四类：

· ①有关推销产品的信息
· ②能将营销方案顺利导向签约的信息
· ③客户的个人信息及人际关系信息
· ④能让客户优先考虑与我方多次交易的信息

例如，我们可以用这样的问题探听客户的想法和意见。

"有大号和小号，您选择哪个？"
"有三色可选，您喜欢哪种颜色？"
"您的预算考虑在什么范围？"

通过以上问题获得的信息，①是"有关推销产品的信息"，针对眼前的商品让客户的喜好变得"可视化"。接下来②是"能将营销方案顺利导向签约的信息"，有助于营销活动进入到下一环节的提问以及确认客户感想的交流沟通等都能为我们提供第②类信息。

"我们针对您的需求制作了详细的企划方案，下周带给您，请问您周几方便？"

"能否对您进行一次演示说明？"

"交货时，我们能以旧换新，您是否需要考虑一下？"

大多数营销人员能够将①、②"可视化"。

然而，培养回头客的关键步骤在于③"客户的个人信息及人际关系信息"和④"能让客户优先考虑与我方多次交易的信息"。

①类、②类信息的收集方法可以采用比较直接的提问和访问等手段，而③类、④类信息的收集则必须借助看似与商品没有直接关系的问题和访问，它要求我们通过样子、动作、表情等语言之外的方式收集信息。

有的营销人员把头回客变成了回头客，而有的营销人员仍在"第三次成交"这个营销壁垒苦苦作战。两者的差别在于③、④两步收集到的信息的质量。

这种信息的收集要求营销人员拥有从语言外的视觉要素中获得信息的"洞察力"。我们仅靠成交过一次的经历无法顺利拿到同一客户的第三笔订单。

　　除了通过商谈探听信息，如何通过"感觉"收集周边信息也是营销活动中不可或缺的重要部分。

①
有关推销产品
的信息

②
能将营销方案顺利
导向签约的信息

③
客户的个人信息及
人际关系信息

④
能让客户优先考虑
与我方多次交易的
信息

图19　从客户处获取的四种信息

你注意到商谈中隐藏的标志了吗？

大多数营销人员会带着事先准备好的问题去拜访客户，但也有营销人员会采用以下方法收集信息。

"商谈时从客户的表情、记笔记的时机、说话的语调推测其意图。"

能提出这种方法的营销人员有个特征，他们多是拥有长期营销经验或营销业绩正在提升的人。没错，商谈的重点在于如何从言语之外读取信息。

让我们来一起思考一下向客户做产品介绍时提出以下问题后客户的反应。

"您意下如何？是否感兴趣？"
"不错嘛。"

假设客户做出回答时眼神避开营销人员，微微地低下了头。

从字面来看客户很关注我们推销的产品，但我们看对方的动作，或许能读懂客户因难以当面反驳而采取了暧昧态度。察觉到了这些，之后的交流也会发生变化。

实际上，具有优秀销售业绩的营销人员均拥有读取非语言交流信息的"洞察力"。

"洞察力"有个近义词叫"观察力"。区别在于"观察力"指注意表象事物并进行客观评价的能力，而"洞察力"指通过表象推测内在事物的预测能力。

那么，"洞察力"能在何种场景发挥作用？或许，我们可以通过以下动作读取客户身上隐藏的标志。

✔ **点头或附和的反应**

　　幅度和时机

✔ **表情**

　　表情是否符合谈话内容

✔ **会话中的眼神**

　　谈到重点时对方视线的走向

✔ **客户做的笔记方法**

　　客户在关注的问题上是否有反应

✔ **抱胳膊的时机**

　　抱胳膊一般是怀疑、慎重、不满的标志

图20　从客户身上读取隐藏的标志

顺利实现第三次合作的做笔记的方法

迄今为止，笔者见过许多营销人员，每个人都有自己做笔记的方法，但业绩出色的营销人员都有一种倾向。

例如笔者在研修课堂上就能发现，业绩不好的人虽然认真聆听却几乎没做笔记，业绩平平的人一边专心聆听一边做笔记。

而那些取得优异业绩的人不仅抬头聆听，而且在笔者强调重点时做笔记。

笔者趁研修课的休息时间看了一下他们摊在桌上的笔记本，有的人记得满满当当，有的人仅草草地记录了要点，但笔记做得最工整的人不一定能够发挥营销能力。

于是笔者试着询问学员如何做笔记、如何运用笔记。

笔者："刚才的讲义你都一字不落地抄下了，但可能是内容太难，我看你在演习中似乎没有运用它们。"

学员："您的讲义非常有参考价值，我想尽可能多地抄一点。"

学员："这次演习没反映出所学的成果，但我想多重复几次就能掌握……"

笔者："原来如此。起步慢，但后劲足啊。"

　　学员："正是！"

　　学员："虽然知道自己必须实践它，但真正落实到行动上还需要演练……需要时间啊……"

　　怎么样，大家是否也有过这样的亲身经历呢？

　　笔者认为，营销人员做笔记是为了"明天的销售"。

　　有的人从学生时代开始就将老师的板书一字不落地抄写下来，这些人似乎还没从这个习惯中跳出来。但这种做笔记的方法是为了应付考试。

　　然而，商务洽谈要求我们具有在做笔记的同时给客户提建议、提问题、总结方案的"瞬间爆发能力"。

　　如果我们在商谈时工整记录客户的发言，就无法发挥"瞬间爆发能力"。

　　通过刚才学员的例子我们也可以看出，起步慢的人离"明天的销售"越来越远。

　　那我们究竟应该怎么做笔记呢？笔者把见过的许多优秀营销人员的共通点总结了一下。

公司名称 商谈目的 日期

×× 有限公司

3 月 20 日

关于引进 ××

在空栏处填入商谈内容。
事先填入商谈事项，

顾客的要求

· 下次与相关人士见面
磋商碰面时间 3 月 26 日

疑虑事项

引进时期

· 同行业其他公司的事例
· 大致日程

疑虑事项

下次见面应
答复的内容

左为
商谈笔记

右为
决定事项

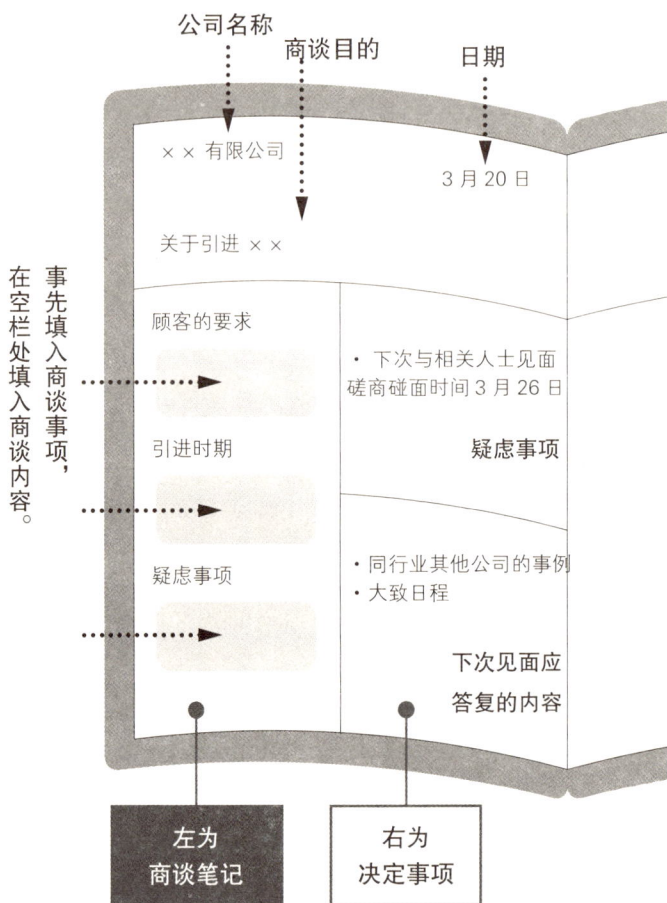

图21 实现"明日的销售"的做笔记的方法

1 "聆听"比"记录"更重要

当着顾客的面记录所闻，这种积极倾听的姿态确实重要。

134

但我们进行的是商贸洽谈，商谈的重点在于"与客户交流"，而埋头记录会耽误交流。首先，我们要"聆听"。

2 记录要点

我们完全没有必要按照时间顺序记录顾客的话语。此外，笔记应简明扼要，记录时文字控制在一行以内，极力减少文字数量。

这样做能够让我们与客户之间有足够的眼神交流，同时还能进行磋商。请注意，绝对不要让客户等我们把笔记写完再说话。

3 根据商谈的"剧本"做笔记

如果客户掌握了谈话的主导权，我们就很难控制对话的走向，所以做笔记很难。但如果设计好商谈的"剧本"并严格执行，那么我们在访问客户时就能以应该探听和应该确定的事项为中心，笔记也会轻松。

4 将你的笔记高效地用起来

经常有人咨询笔者关于笔记的记录方法："应该如何做笔记？"世界上有很多"×× 法"，笔者个人主张不要拘泥于手法，只要是自己最易理解的写法就行。笔者通过观察拥有骄人业绩的营销人员的笔记，发现了以下的倾向，如图 22 所示。

① **事先写好想问的问题**

例如我们可以先写下商谈的目的，如"客户的需求""现状的问题点"等必须问清楚的项目，然后再加以扩充。

② **记录时留足空间，以便事后做补充**

在客户需求和期望等项目间留足空间，以便事后回顾时做补充。

③ **确定纸张布局**

假设我们在笔记本上将纸张用竖线一分为二。左侧用于记录听到的内容，右侧记录决定的事项和下次见面时必须回答的问题，这样记录的笔记可以让人一目了然。

④ **选择便捷好用的笔记工具**

即使是笔记本也有大学笔记稿纸、活页纸、报告稿纸等许多种。我们要选择方便好用的工具。放弃广告赠送的笔吧，使用稍微高档一点的笔能让我们在书写时更有干劲。

图22　业绩优秀的营销人员的笔记法

客户也会留意我们记笔记的方法。认真地聆听固然重要，但我们在做笔记时应该更有意识地记录实现"第三次交易"的要点。

一边画流程图，一边观察客户的反应

商谈必须带有"目的"。目的指以下内容：

> ·聆听客户的需求
> ·让客户理解我们推销产品的概要
> ·出示报价表
> ·让客户签订合约

在这个营销过程中，营销目的是各个环节的节点。

一个方案中，每个环节必须经过几次商讨后再切实推行至下一个环节。所以成交双方必须相互沟通认识，确认下一步的行动。

在电子商务网站上购物时的流程与商谈的展开非常类似。我们选择商品、颜色、尺码、数量后加入购物车，阅读个人信息操作等注意事项，同意后输入订购人信息和送货地址并确认所填内容，最后选择结算方法填写信息，提交订单。

在这一连串的流程中，画面上方的购物流程显示了我们目前的网购进程，填入信息的对话框中会警告我们不要有信息遗漏，或示范填写的例子。像这样，页面的程序员想了很多办法让用户省去了回到上一页面的麻烦。

在商谈中为了避免返工或重新来过，营销人员需要时常与客户确认商谈的流程。

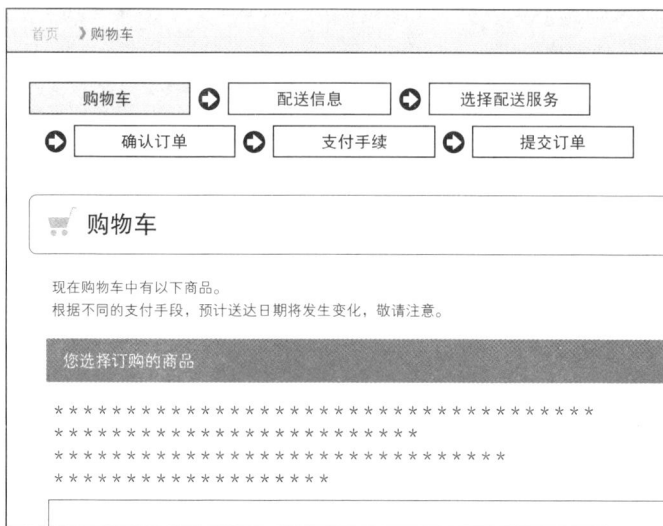

<table>
<tr><td>首页</td><td>购物车</td></tr>
</table>

购物车 → 配送信息 → 选择配送服务
确认订单 → 支付手续 → 提交订单

🛒 购物车

现在购物车中有以下商品。
根据不同的支付手段，预计送达日期将发生变化，敬请注意。

您选择订购的商品

＊＊＊＊＊＊＊＊＊＊＊＊＊＊＊＊＊＊＊＊＊＊＊＊＊＊＊＊＊＊＊＊＊
＊＊＊＊＊＊＊＊＊＊＊＊＊＊＊＊＊＊＊＊＊＊＊
＊＊＊＊＊＊＊＊＊＊＊＊＊＊＊＊＊＊＊＊＊＊＊＊＊
＊＊＊＊＊＊＊＊＊＊＊＊＊＊＊＊

商谈与电子商务网站购物一样，重点在于营销人员与客户共享通往终点（签约、销售）的流程、现阶段必须决定的事项等。

图23　参考电子商务网站上的购物流程

进行大型商贸谈判时我们可以时刻对比流程图确认商谈的流程，但在商谈中如何让双方经过磨合最终达到共识呢？

方法是：公开商谈笔记，在客户的注视下做记录。笔者经常采用以下方式：商谈时手边除了摆放记录商谈内容的记事本，还在自己与客户之间放一张 A3 或 A4 纸（A4 略小，不合适），一边画流程图一边确认双方的认识。流程图是用示意图或插图表示双方的责任分配、商品特征、业务流程、使用设想等，我们在其周围做笔记。

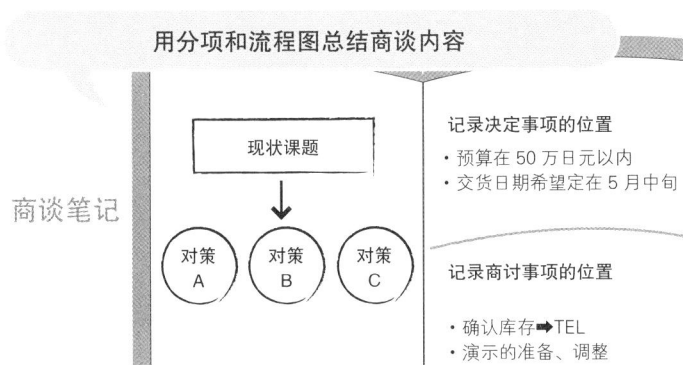

用分项和流程图总结商谈内容

商谈笔记

现状课题

对策 A　　对策 B　　对策 C

记录决定事项的位置

· 预算在 50 万日元以内
· 交货日期希望定在 5 月中旬

记录商讨事项的位置

· 确认库存➡TEL
· 演示的准备、调整

图24　一边画流程图，一边商谈

这个方法有三个好处。第一，商谈期间双方的目光集中在图纸所描绘的内容，不会出现误解。第二，客户会在修改流程图的同时陈述自己的意见，这一点非常重要。由此我们也可以从客户的动作中观察他们的兴趣、关注点。第三，商谈结束时几乎所有客户都会说"我想保留这个笔记",并拿去复印。

商谈如果能进展到这一步简直是堪称完美。因为双方都保留了笔记,所以不会发生"说过、没说过""认识上的误解"等情况。

即使客户没有提出保留笔记的要求,我们也要主动递交复印件。大家可能一开始不愿意在谈判桌上用纸画图,但实际上我们画得不好也没关系,因为让双方的认识"可视化",然后相互磨合,这才是商谈的重点。

注意顾客的以下变化！

如果营销人员与客户的交流分多次进行，那么我们一定要预测两次交流间的状况变化，再根据这种状况变化模拟第二次、第三次乃至之后的营销活动。

◆企业

仅相隔数月，企业也会发生各种变化。最大的变化莫过于每年 4 月日本企业进入新年度而产生的组织变化，但内部指示和预算计划多在 3 月前完成，所以，我们要抓住时机。

同样，企业在前期和后期也会发生巨变。前期一般是 2 月左右的审核预算，后期则是 8 月左右。如果错过一个，就要过好几个月才能等到下一个时机。所以我们必须在日常工作安排中管理好推销的时机。

组织的变化需要引起我们的注意。假设负责人没有发生变动，但组织合并或上司换人，最终通过决议的过程也会产生巨大变化，甚至迄今为止我们提出的方案也会被叫停，所以要仔细确认。

此外，除了将 1 年分为前期和后期的方法，还有将 1 年分成第 1 季度至第 4 季度的方法，以每三个月为期列出事业目标进行企业活动。每季度的人事不会出现太大变化，但成本、业务的改善对策、事业战略相关投资及对策的时机等会出现调整，我们必须加以注意。

◆个人

和企业相同，在日本 4 月也是个人情况的巨变期，会出现转岗、调职、晋升、继续深造等情况。

此外，6 月和 12 月是发津贴的月份，也是大件商品成交的月份。所以这两个月是推销汽车和家电的大好时机。

具体联系客户要从发津贴月份的 1 个月前开始，但普通家庭不像企业一样制订了严格的预算计划，所以制造"想买"的时机非常重要。

此外，一个家庭内部会有许多活动，如生日、结婚纪念日、敬老日、儿童节等。而健康状况、问题意识、环境意识等会随着家庭价值观的变化而变化，我们进行推销的时机也有所不同。我们很难推测出客户进行投资和购买商品的时间和契机。

如果客户是单个个体，那么营销人员要格外注意对方经常在短时间内产生的变化，在敏感察觉这种变化的基础上积极地与客户建立无话不谈的关系，想办法在对话中收集信息。

企业

组织变化

职务变化

成员变化

楼层变化

工作方式的变化

物品的购入

个人

家庭成员的变化

家产、家具的变化

孩子的升级或升学

健康状态

装扮或时尚理念的变化

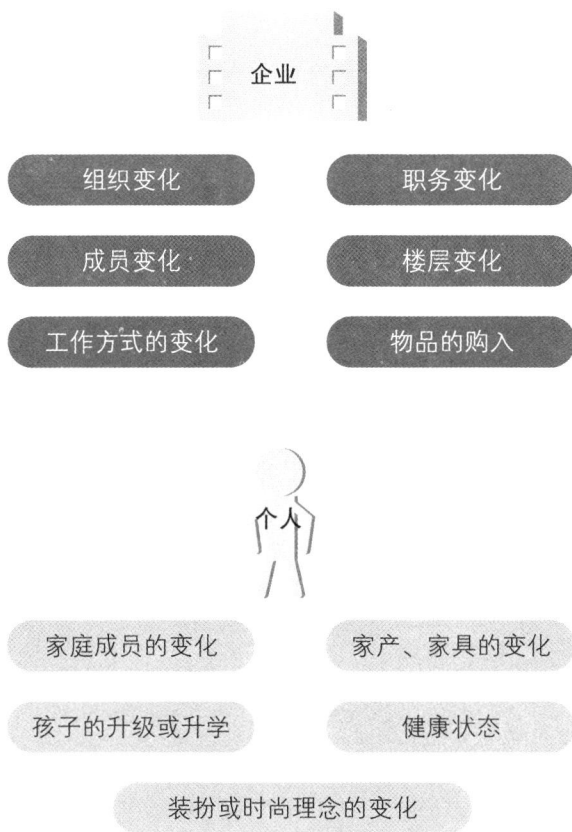

图25 要注意客户的这些变化

与新负责人在短时间内强化关系的方法

我们试着预约头回客想再度取得联系，谁知对方的组织发生了变化、负责人出现了人事调动或离职，以至于从前的窗口行不通或负责人更迭。这种情况屡见不鲜吧？

遇到这种情况，我们要从正反两方面看待问题，然后再开展营销活动。

不论发生上述哪种情况，我们都能断定：以前的营销方式行不通了。即使对方的负责人做过了交接，但交接内容也不会细致到包括烦琐的交涉经过。

即使我们与之前的负责人关系融洽，也必须带着危机感与新任负责人进行沟通。反过来，如果之前有过摩擦，那现在就是重建友谊的大好时机。

这里有一个重点：尽量在短时期内与客户强化关系。因为同行业的其他公司也在想方设法与客户取得联系，所以我们必须尽早与客户建立交情以抢占先机进行推销。

对方负责人发生变化时我们应如何在短时间内强化关系呢？最有效的方法是观察客户类型，然后做到有的放矢。我们可以把客户分为以下三类：

- 感觉型
- 视觉型
- 听觉型

接下来，笔者将介绍一下各类型客户的辨别方法及取得联系的方法。

◆通过视线的动向和惯用语言分辨 "感觉型客户"

这一类型的客户在说话时有使用"我觉得""轻轻地""温柔地""非常"等感性语句的倾向。此外，他们还会在会话中借用语言以外的肢体语言表达感情，如视线稍稍下垂似乎在寻找措辞，或一边点头，一边斟酌字句。

和感觉型客户建立良好的关系时，跟着对方的感觉节奏走会比较容易沟通交流，所以我们语速也要缓慢，说同样的话，做同样的动作。

比起理性分析，感觉型客户更偏爱使用直觉，所以我们在商谈中进行推销时讲述自己的经历或使用充满情感的表现形式较易获得对方的共鸣。此外，演示、试吃、试驾等能够亲自体验的项目是最能够让对方理解的方法。

◆通过携带的物品和行动模式分辨 "视觉型客户"

这一类型的客户有使用"我看见""明亮""浮现""无论到

哪里""苍白"等视觉性词语的倾向。

这类客户在说话的同时会在头脑中描绘景象，所以会有视线看着上方，一边回想，一边诉说的动作。此外，为了表达出头脑中的视觉印象，他们会在语言以外加上肢体语言，如用手表示形状或大小等。

要和视觉型客户建立良好的关系，选择景色优美、环境优雅的商谈场所更容易让对方畅所欲言。此外，营销方案中大量使用图、照片、表格等视觉化表现，也能加深对方的理解。

◆通过动作和说话方式分辨"听觉型客户"

这一类型的客户有使用"听说""节奏好""有韵律地""咚咚""咔嚓咔嚓"等词语的倾向。

这类客户在谈话中为了进行听觉性感受，会有视线左右移动、小幅度晃动脑袋等动作。与感觉型和视觉型客户相比，听觉型客户不大使用肢体语言，但会有用指尖打拍子的动作。

要和听觉型客户建立良好的关系，重点在于说话时跟上对方的节拍或速度，使用听觉用语（锵锵、轰隆、哧溜哧溜等）。

此外，因为听觉型客户容易受到声音刺激，所以商谈的场所要选择安静的环境，或放一些轻柔不喧闹的背景音乐以营造轻松的氛围，这些心思也会收到良好的效果。

类型	特征	如何建立关系
感觉型	容易低头 / 视线经常向下看 / 说话速度慢 / 声调低沉 / 穿着服装重质感而非样式 / 使用感觉性的语言	说话时采用与对方相同的慢节奏 / 仔细聆听对方说话 / 附和时声音稍大 / 握手时动作轻缓地接触对方 / 使用感觉性的关键词和表现 / 使用肢体语言
视觉型	正襟危坐 / 视线经常向上看 / 语速快 / 声调高 / 说话时夹杂动作 / 使用视觉性词语 / 喜欢论理	跟上对方的节拍 / 准备可见实物 / 阐明结论 / 采用视觉性表现方式 / 说话时采用序论、本论、结论的结构 / 使用肢体语言 / 注意会谈环境
听觉型	动作、语言的节奏介于视觉型与感觉型之间 / 思考时会自言自语 / 想用自己的语言表达 / 不怎么使用肢体语言 / 使用听觉性语言	不要想当然地以为对方应该明白，要说出来 / 采用中速的节奏 / 采用听觉性表达方式 / 避免感觉型、视觉型的表现形式 / 不要全部用邮件，偶尔打电话

表 1　各类别客户的特征和交往方法

第 **6** 章

『提案力』帮你搞定头回客

因发掘"休眠客户"而业绩超过前辈的公司新人 S

笔者开办了二十多年的营销研修班，共接触过近两万名营销人员，其中有几个人笔者还清楚地记得他们的长相和名字。这一节笔者要介绍的 S 也是其中一员。S 所在的公司主营进口商品的批发销售。公司的营业部门主要向快餐店、饮食店等推销公司的商品。

该公司 20 名左右的营销人员是这一期营销研修班的全部学员。因为公司这几年推迟招新，所以 28 岁的 S 依旧被称为新人，没有后辈，资历最浅的 S 在公司内经常被叫去为前辈打杂。

笔者第一次见到 S 时，乍看一下觉得他有些浮躁，动作利索、精力充沛，但经常因粗心大意造成过失，工作目标似乎不够清晰。

第一次研修快结束时，上完目标设定课程后情况发生了大的转变。S 将发掘销售额为零的"休眠客户"作为工作课题并制订了行动计划。从他的计划书中，笔者感受到了他的认真。

笔者的预感应验了，此后 S 有了飞跃式的进步。

研修结束后，学员们为了下一次的研修每月都会提交一份营业报告。前辈们还陷在惯用的以发放样品为中心的营销方法中苦苦挣扎，S却逐个激活了"休眠客户"。

一年后研修课程结业时，S取得了第一名的成绩，销售额是排名第二的前辈的两倍。

如果要破解S成功的原因，详细解说他的营销方法几乎可以写一整本书。简要地说，他有飞跃式的进步的秘密在于以下七点。

1 转变营销思维

如果不改变既定思维而仅依靠背诵营销手法以提高营销技巧，那么S绝不可能取得如此惊人的成绩。笔者曾见过许多业绩攀升的营销人员，思维的转变是他们成功的共同要素。

2 制订明确的目标

一直以来,S都没有明确的工作目标。即使拟定了目标预算，对S来说也不过是一串冰冷的数字。然而，自从每个月计划好访问客户的人数和商品的销售目标，S总是带着目标行动。

3 将目标锁定在"休眠客户"身上

S将曾有过交易记录后因故断绝来往的客户作为目标。前辈认为"休眠客户"不能给公司带来利益便敬而远之，但S了解到客户进入"休眠"状态是因为关系不够紧密或销售方案制订得不够完善，于是改变了想法。

4　重新审视从前的业绩内容，整理信息

S没有直接从"休眠客户"的名单开始着手营销活动，他整理了三项内容：与每位客户的谈判结果，与客户交往过程中得到的信息，以及附近同行业店铺的信息。做好前期调查工作后，S对自己的课题进行了思考。

5　前往客户的店铺收集信息

不少营销人员因为一些顾虑而耽误了信息的收集，如和客户在厨房里商谈、占用客户进货的宝贵时间……但S转变了态度，在客户的店铺里和客户一起筹划最适合的物品，努力收集信息以寻找企划方案的灵感。

6　针对不同的客户，设计不同的营销剧本

迄今为止，销售利润率高的商品是S所在的公司员工的营销重心。S改变了这个营销方式，形成了独自的营销模式。他根据不同客户的信息思考最适宜的商品并制订销售方案。虽然"营销剧本"可能无法贯彻到底，但客户非常赞赏S，认为他"动了脑子"。两者之间建立起的联系能够让S收集到信息，并从中获得新企划方案的灵感。

7　改变向客户推销的方式

一直以来，S和同事都采用推销一边倒的营销方式。见到

客户后立即摆出样品，接着请求客户购买。首先S放弃了"请求购买"的营销方式，第一次见客户时聆听对方的意见和需求，第二次见面时提出营销方案。在采访时S活用提问法，最大限度地利用访问时间仔细询问客户店铺的需求和问题，直到对方说出"时间到了，我差不多要准备了"。

就这样，一直被当作新人的S将众人视为"烫手山芋"的休眠客户逐一激活，取得了让前辈们咂舌的惊人业绩。如何靠头回客提升业绩？S的事例给了我们启示。

与头回客打交道的十个陷阱

推销的能力、推销用的企划方案书、推销活动……营业活动都离不开"推销"一词。"推销"是经营活动的生命，这种说法一点都不为过。

然而，很多业绩不理想的营销人员将推销错误地理解为"巧妙地说服顾客购买公司的产品"，但实际上那不过是单纯的"产品介绍"。

营业活动中的"推销"指"明确客户的问题和需求，提出解决方法"。所以，为了避免提出"错误的营销方案"，请注意以下"十个陷阱"。

1 简化企划方案书的内容

对于曾合作过的客户，营销人员通常会简化企划方案书的内容。当磋商的问题变得深入和繁杂时，营销人员往往想口头说明草草了事。然而，客户能敏感地察觉出营销人员不如第一次合作时热心。

2 挪用其他方案书的内容

笔者把这种企划方案书称为"换汤不换药"，只把方案书的封面和姓名修改之后就群发给许多客户。但千篇一律的东西绝对不可能打动客户的心。

3 降价

有时营销人员会遇见强势要求议价的客户。但"降价"就能满足客户的需求吗？即使第一次降价是出于营销判断，但之后的降价就是贬低方案的价值。

4 推销更高级的商品

有的营销人员经过第一次成交察觉出客户的预算有富余，于是见缝插针地提高了推销商品的档次。推销的新商品如果符合客户的需求则没有问题，但单纯的"向上行销"会与客户的需求渐行渐远。

5 只推销商品

商品是解决客户需求的手段。如果不了解客户需求，则无法具体说明解决客户需求的目的，营销人员便无法被客户视为值得信赖的专家。

6 对同行业其他公司的研究不足

任何人都能热心推销自己公司的产品。而如今的网络时代，客户也会有一定程度的知识储备，客户需要的是便于做出客观判断的信息。所以，营销人员必须研究同行业的其他公司。

7 只有在推销时才会联系客户

当营销人员急需提升业绩时，即使设计出各种企划方案，这些方案在顾客看来也并非是为解决自己的需求，而只是销售人员提升业绩的手段。为了避免这种情况，营销人员在交易后也要维护与客户之间的关系。

8 推销时询问相同事项

当营销人员联系头回客时，绝不能再次询问之前问过的事项。问者无心听者有意，问的人可能忘记了，但回答的人依然印象深刻。客户能从营销人员的问题中判断出对方对自己的关心程度。

9 提出销售方案时未更新客户信息

营销人员每提出一份新的销售企划方案，其内容都以之前的信息为基础，所以许多已不合现实。客户的信息在不断地变化，提出方案时信息的收集工作也要与时俱进。

10 交流时未把握与客户之间的距离

人际关系是向客户进行推销的关键。营销人员再次联系客户时，如果距离第一次成交时已经相隔许久，那么把握交流的距离感是对营销人员的一种考验。

① 简化企划方案书的内容

② 挪用其他方案书的内容

③ 降价

④ 推销更高级的商品

⑤ 只推销商品

⑥ 对同行业其他公司的研究不足

⑦ 只有在推销时才会联系客户

⑧ 推销时询问相同事项

⑨ 提出销售方案时未更新客户信息

⑩ 交流时未把握与客户之间的距离

你缺少设身处地为客户着想的紧迫感吗?

! · 没有打算深入了解客户
· 开展营销活动时敷衍了事
· 开展营销活动时以自己为中心

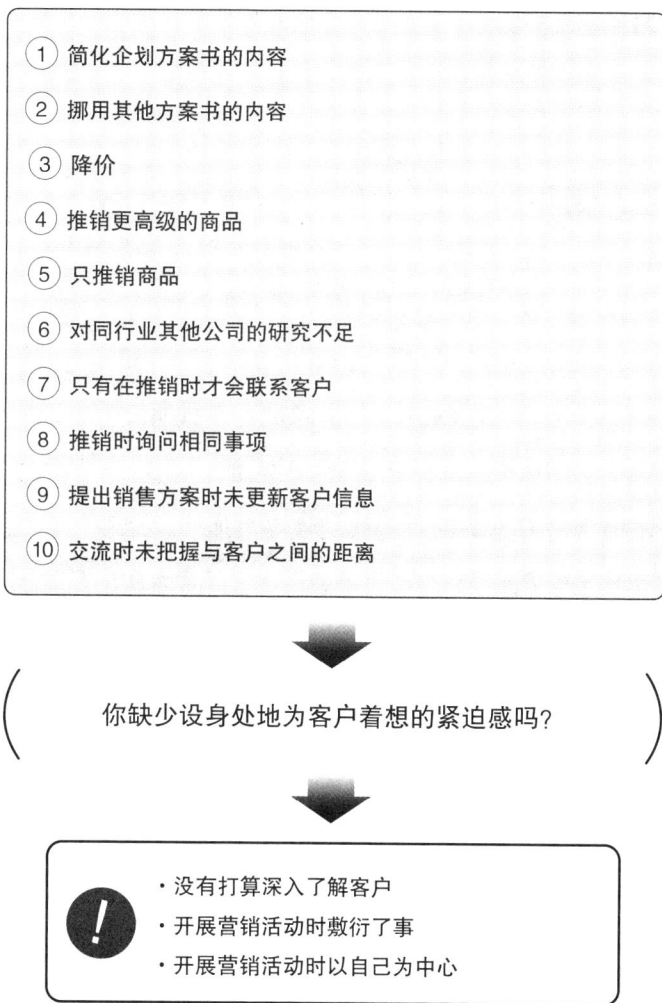

图26 与头回客打交道的十个陷阱

为何营销方案不能一次性通过？

因为营销人员对于头回客有一定的了解，所以想尽量缩短交易时间，于是压缩征询客户意见和提出方案的时间。结果，拿出的企划书看上去就像匆忙赶出的方案。

营销人员心中的"方案"并不等于客户期待的"方案"。大多数场合，营销人员的方案无法满足客户所期待的"说明"或"介绍"，它完全以公司的销售利益为目的。

正因为对方是头回客，我们才要更加严肃地对待。笔者认为这样并不会耗费营销人员的宝贵时间，因为从产品说明单刀直入的营销方法，后续还要询问和确认顾客的需求、修改方案书，结果反而更费功夫。

正因为对方是头回客，所以我们才不能期待营销方案一蹴而就。营销人员拟订的方案与客户心中的期待存在着差距，所以方案很少能一次通过。

那么，真正有效的营销活动应该具备什么流程？我们一起来确认一下这个具体流程。标准流程如图 27 所示，共分五步。

如果我们能够时刻牢记这个流程，那么就会明白希望营销方案一次性通过是多么欠考虑的事情。

步骤 **①** **与客户建立关系**

为了与顾客建立良好的人际关系，交流时要让顾客对自己及公司产生好感。

步骤 **②** **把握客户的状况**

向顾客提供大量信息，从顾客身上收集需求、产品、其他相关的周边信息。

步骤 **③** **发现客户的需求**

从收集到的信息中整理出顾客提出的问题和潜在的问题，探寻解决方案。

步骤 **④** **设计"营销剧本"**

与客户就提出的方案进行沟通达成共识后设计营销剧本，内容包含提出公司能力范围内的解决方案及客户采纳方案之前的所有流程。

步骤 **⑤** **从解决客户需求到签约**

对于双方达成共识的问题，营销人员要努力让顾客关注解决方案并采用此方案。在签约、交定金之前营销人员还要管理好所有流程。

图27　高效营销五步法

以客户的视角筛选方案

营销企划方案完成以后，请一定要养成检查的习惯，着重检查自己作为一名营销人员是否设身处地地为顾客着想。

也就是说，我们要试着筛选出哪些方案是站在客户的角度提出的，哪些方案变成了"太棒了，这样我们公司的问题就解决了"。

◎ 检查营销方案的前提条件

① 公司的营销目的和最终目标设定好了吗？

我们为什么要提出营销方案？通过这个方案公司能获得何种利润？拟订营销方案的过程可以让我们明确营销活动的最终目标。

② 我们是否站在顾客的立场上？

营销人员的基本姿态是"假设自己是接受营销方案的顾客"。

方案的内容是否清晰易懂？顾客能否感到获利？接受方案后是否想开展某种行动？这些都要一一核查。

③ 方案是否触及了顾客的需求？

方案的内容是否拨动了对方的琴弦（客户需求）？是否达到

了让顾客满意、让顾客想采纳的水准？这些也要检验。

◎ 检查营销剧本

① 制作方案时的注意点

- 构思内容时站在顾客的角度而非公司的角度
- 将现状问题加以整理作为方案背景
- 加入顾客的疑问点，并做出回应
- 切勿以商品说明为中心
- 采用通俗易懂的书写形式
- 检查错字、漏字
- 避免使用专业用语，适时添加注释

② 你的方案结构是否开宗明义？

如果提出方案的营销人员自己不理解方案的结构，那么他/她也一定无法将方案的主旨准确地传达给顾客。所以，方案从开头至结尾必须有故事性。

提出方案的结构有四段论法（起、承、转、结）和三段论法（序论、本论、结论），所有方法的重点都在于开头先陈述结论或结果，吸引顾客的兴趣和关注。

③ 你的方案是否能实现客户的期望？

提出营销企划方案必须坚持以顾客为中心。流于俗套的内容无法打动观众。要制订一份能"打动观众"的营销方案，关键在于是否包含了以下内容：

- 顾客或顾客公司的获利
- 解决方案具体针对顾客的问题
- 预算在顾客的可承受范围内

---

④ 标题和版式是否吸引人眼球？

方案不仅有口头形式，它还会以方案书的形式被留存。也就是说，我们提出方案后，顾客把它带回给相关人士传阅。这时，设计出在没有解说的情况下也能让人眼前一亮的标题和版式非常重要。

例如"一生放心居住的住宅方案"，这个标题太平淡无奇、毫无冲击力。如果改用简明的词语表示产品特征，如"超级放心、有100年居住保障的住宅方案"，这样更会吸引顾客的兴趣和关注。

⑤ 方案中是否加入了有说服力的材料？

对顾客来说，单纯介绍产品特征的方案缺少说服力，让人能够做出客观判断的资料才能使人信服。例如方案中加入业绩、累计销售数量、顾客满意度调查、官方数据（白皮书等）、媒体刊登事例等材料，则会增加可信度和说服力。

⑥ 方案中是否加入了预期效果？

如果顾客不能想象购物之后的场景"如果我买下后会怎样呢"，那么我们的推销就没有意义了。购买不是目的，通过"购买"发生了何种变化，这才是重中之重。如果不阐明这一点，我们拟订的方案就无法成为顾客购买的判断材料。

给客户留"三份作业"

即使顾客在我们进行推销时对产品兴致勃勃，但不久之后也会热情减退而懒于答复。此外，如果顾客接受方案后不清楚自己应该干什么，那么对方案的印象也会逐渐变得稀薄，兴趣和关注也会大幅下降。

当顾客对我们提出的方案感兴趣时，我们要维持顾客的热情和关注度，然后进入具体的商谈。下面我们一起来讨论一下这个方法——"给顾客布置作业"。

给顾客留作业，是为了让下一次的商谈更加具体。没有经验的营销人员可能会想："怎么能给顾客留作业呢？"实际上，给顾客留作业是为了创造条件让顾客关注问题的解决方法。可以说，这是为顾客着想。

那么，我们究竟要留什么样的作业呢？"请您在下次见面之前想象一下购买之后的景象"，这种问题太平淡笼统。既然是作业，不论有形还是无形，重点在于有信息的输出。

作业分为三份，布置时要符合实际情况。

1　整理对现有商品满意和不满意的方面

我们建议顾客购买新产品、增加购买量时，必须对顾客的现状信息进行整理。为了不辜负顾客的期望，必须让对方认清"满意"和"不满意"的点。顾客也能通过思考更加关注我们推销的商品。

"下次见面时，能否告知我们您车子的使用里程和不满意的方面？"

2　帮助顾客理清购买商品的条件

让顾客以购买为前提思考商品的放置位置、数量、日程安排、预算等，这样能够让客户的内心得到升华，觉得自己心理上已经完成了商品的购买。

"您能计算出现在家里使用的电器的总安培数吗？"

3　体验推销的产品

可以让顾客在商谈结束后进行试驾、试吃、参观等模拟体验，然后询问对方的感想。

"我们公司的样板房在世田谷，下次见面时能否麻烦您前往那边，亲自确认一下房子是否和您想象的一样？"

如果只是单纯地给顾客布置作业，那么推销过程中还可能出现不确定性。所以我们也要给自己留作业："下次见面前，我也会对××进行调查。"

像这样，顾客不仅不会单方面遗忘自己应该完成的作业，而且会努力完成。通过作业，顾客能在两次商谈之间思考、确认、体验，购物的动力、兴趣、关注度也能得到维持。

通过邮件给目标客户提案

网络已经走进了千家万户，用户通过邮件接收企业信息已是很平常的事。如果我们能有效利用"邮件"维持与顾客之间的纽带，便能寻找到新方案的契机。

最流行的方法是"电子杂志"。

笔者每天会收到来自常用电子商务网站、交易公司法人发来的200多份售后电子杂志。笔者并不会每份都看，这些电子杂志的半数以上都是顾客没有获利感、以公司宣传为中心的广告。这些广告都有图28中所示的"九个共同点"。

然而，也有不少电子杂志的宣传内容能够唤起读者的购买欲望、让顾客再次购物。

与公司出于商业目的发出的电子杂志不同，如果是一份数百人规模的发送人名单，营销人员完全可以通过自己的电脑向自己的客户单独发送邮件。笔者认为，这种迷你电子杂志是成交双方之间的一种有效的沟通方式。

1 不定期大量发送

2 顾客感受不到邮件标题的魅力

3 在顾客无暇阅读时发送

4 邮件内容过分冗长

5 邮件内容没有吸引力

6 邮件包含"专栏""随笔札记""占卜"等可有可无的内容

7 邮件的修饰词繁多

8 赠品、促销等信息铺天盖地

9 注册变更和解约操作很难

图28 被顾客直接扔进垃圾箱的邮件的"九个共同点"

DM 对只合作过一次的客户不起作用吗?

使用邮件进行的数据库行销是联系客户的新方法,但拥有较长历史、如今依旧被广泛应用于联系客户的是 DM,即广告函件。

笔者相信大家都收到过几次 DM,它具有以下三大功能:

· 获得新客户
· 激活休眠客户
· 增加销售机会

使用 DM 最有效的功能是"激活休眠客户"。因为信函的寄件人多为我们熟知的人,我们也能大致猜出邮寄的目的。

但我们也要注意,现在大家对于个人信息的保护越来越严格,针对个人 DM 的评价在不断下降。尤其在开发新客户时,仅因寄送了 DM 就遭索赔的案件在增多。但 DM 针对有过一次交易记录的法人尚有效果。

那么,我们应该如何制作吸引"休眠客户"的 DM?
答案是:制作"让顾客拆开信封的 DM"。DM 最大的鬼门关在于是否能被顾客拆开。

发送 100 份广告函件，90 封被扔进垃圾桶与 50 封被扔，开封率差 5 倍。据此单纯地计算一下，拿到订单的概率也差 5 倍。

制作一份让顾客开封的广告函件有三个要点，每个要点对应的影响程度如下所示：

- 名单（收信人）：40%
- 方案（内容）：30%
- 创意（方式）：30%

首先，将"名单"锁定在头回客（休眠客户）身上，这样能明确目标。

接下来，在"方案"中添加唤醒顾客曾经的交易经历或激起顾客购买欲望的文案，如"我们只为曾经购物过的你……"，这在心理学中被称作"鸡尾酒会效应"：即使这是针对大多数人投放的广告，但读者会产生"它是专门为我"的错觉。

然后是"创意"，要让顾客拆开信封，必须在视觉上做出"我们为您花了心思"的效果，让顾客在扔与不扔之间犹豫不决。如图 29 的方法。

贴邮票

如果 DM 的信封上有"事后缴纳邮资"的标志，那么这份 DM 看起来就是单纯的印刷品。仅花一点时间在贴邮票上，便能带给顾客"专程寄来"的冲击感。

手写收信人姓名

如果有成百上千位收件人，亲手写下收信人姓名实非易事，但手写的名字与自动标签机贴出的名字，带给顾客的冲击力会完全不同。

在信封和信纸上下功夫

选择稍微高档一些的纸张，在形状和外观上下功夫，便能让顾客惊呼"不错啊"，吸引他们的兴趣和关注。

手写的信息

哪怕信件中只有一句手写的问候，顾客也会心情愉悦地回想起之前的交易经历。为了在寄送 DM 之后顺利开展售后服务，手写的信息会更有效果。

图29 让顾客拆开DM信封的技巧

第 **7** 章

『演说能力』，让不善言辞的你拿下订单

条理清晰的演说会让客户大吃一惊

"演说能力"是每位营销人员都想磨炼的技能，因为营销人员的工作就是在人前说话。

这是某公司进行营销人员培训时的故事。这家公司的主要业务是印刷业，承接法人的日历、信封、宣传册、产品目录、传单等印刷工作。

S当时37岁，在25名学员中最年长。研修中他是一副前辈的模样，他会左右逢源、见机行事，时而和其他学员打招呼，时而分发研修用品。有时还能看见他不够冷静、话匣子一打开就停不下来的样子。

到实际的演说练习，S虽能做到沉着稳重、侃侃而谈，但往往收不住话题。

研究的目的在于锻炼营销人员的演说能力、帮助营销人员提高设计方案的能力，最终增加订单。经过反复的演练，学员的演说能力得到了提升，在日常的营销活动中也开始出现成果。25名学员中进步最大的是S。

S平日里和蔼温和，但也意识到自己有废话连篇的毛病。我初次见 S 演说时也为他捏一把汗，他常年的毛病已经形成了习惯，恐怕很难提升演说的技能。

于是，我让 S 集中到两点以提高演说技能。

首先，将注意力集中在"说话的条理"，而非说话的方法，养成构建演说剧本的习惯。S 曾经不经思索地想什么说什么，有时候因说话太多还会耽误收集客户信息的工作，甚至忘记递交估价单。

其次，准备演说时使用的资料。迄今为止，S 基本上都是口头陈述，偶尔会使用公司宣传册。S 不擅长制作方案书，但笔者让他练习写一份 A3 纸篇幅的方案书。

没过多久，就看到了成效。S 有十年以上的营销经验，他的"休眠客户"在公司所有成员中数量最多，所以他以公司的新业务——电子招牌为中心，将目标客户瞄准"休眠客户"。仅凭有意识地拟定了简单的企划书、按照规划好的结构演说，S 就能让以前见面后闲聊不止的客户认真聆听自己的发言，最终订单蜂拥而至。

S 的客户对这种变化大为惊讶："怎么回事？你的营销方法真是直指我们公司的问题所在啊。"

演说有几个要点，掌握之后再加上经验和时间，就能成就深入人心的演说。

但 S 保持了自身特色，仅将注意力集中在了演说的结构上，听者的反应也随之发生了相应的变化。尤其是 S 看到培训的效果后自信心倍增，更加注重设计演说的结构，于是就产生了协同效果。

禁止"义理巧克力企划书"

制作企划书时如果根据不同的客户在内容和表现上略加修饰，接单率便会大有不同。

笔者把那种只需更换封面上的收件人姓名就能拿去给客户的企划书称为"义理巧克力企划书"。没错！就是女性在情人节送给关系泛泛的男性同事的巧克力。

这种巧克力代表着一种想让人际关系更加融洽的希望："感谢大家平常对我的照顾，今后也请多多关照。"

接到的人虽然开心，但因"大家都有份"而不会想入非非。

然而，对于交易过一次的顾客，请禁用"义理巧克力企划书"。

我们一起站在客户的立场上仔细想想吧。对方的营销人员与我们已经打过交道，也了解我们公司的状况，但如果还拿来可在任何公司通用的企划书，我们心里肯定会有"不被重视"的印象。

笔者向各位推荐"真命天子巧克力企划书"。这种巧克力按照客户的要求定制而成，包装和丝带都是原创设计，巧克力本身也进行了装饰，接到的人会心满意足："这是特别为我定制的啊！"

按照客户要求定制企划书有以下几种方法：

《义理巧克力企划书》　　　《真命天子巧克力企划书》

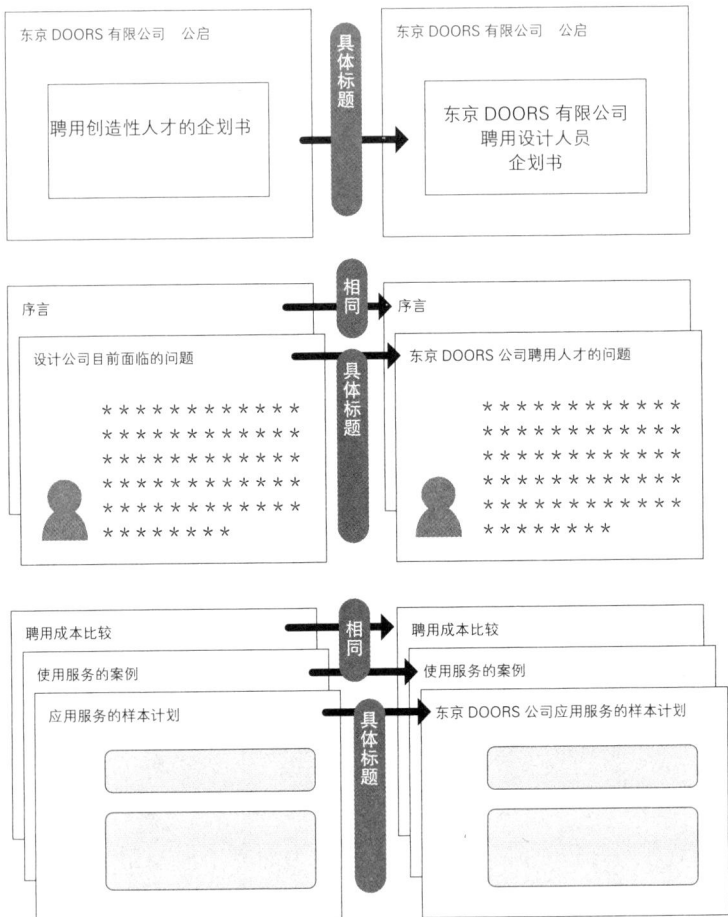

图30　提交"义理巧克力企划书"＝失败

> ·企划书页眉、页脚的基本色使用"客户公司规定的颜色"
>
> ·企划书的首页专门整理并标记出"顾客的疑问"
>
> ·企划书各页的标题中一定要加上"客户的公司名称"
>
> ·企划书中如果要加入组织图，要结合客户情况专门设计
>
> ·企划书的最后一页要专门设计"××公司／先生／女士
>
> 　购买产品后的效果"

我们在设计方案书时不需要囊括所有要点，但以上是为顾客量身定制企划书的方法，笔者向各位强力推荐！

避免竞标的演说方法

向客户提销售方案时有可能要参与竞标，或许我们原本就是提出方案的竞标公司之一，但笔者想让大家注意这种情况：客户看了营销人员的企划方案内容后突然要求竞标。

竞标多为保证采纳方案时的公平性和客观性，但如图31中的第⑤种情况，本来我们是被优先考虑的一方而无需参与竞标，却因为企划方案或演说的问题，客户最终向其他公司也伸出了橄榄枝。

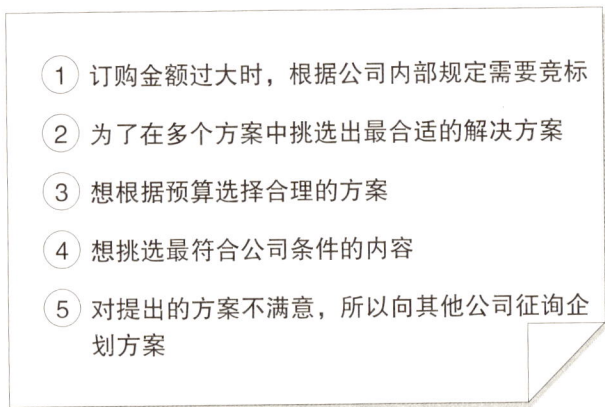

① 订购金额过大时，根据公司内部规定需要竞标

② 为了在多个方案中挑选出最合适的解决方案

③ 想根据预算选择合理的方案

④ 想挑选最符合公司条件的内容

⑤ 对提出的方案不满意，所以向其他公司征询企划方案

图31 需要竞标的情况

那么，究竟什么演说会导致客户提出竞标要求呢？大致有以下三个理由。

①对问题的发掘不够深入，解决方法缺乏可操作性

②估价的证据不足

③营销人员缺乏可信度

①、②有一部分是企划公司内部的原因，但①、②、③中的大部分都应归因于营销人员的企划能力低下。

如今，一家公司的商品特征和价格很难与其他公司拉开太大差别，能否与"营销人员"建立互信关系成为客户的选择依据。

当头回客再次给我们提出企划方案的机会时，请大家牢记：如果营销人员素质不高，那么无论之前双方取得过怎样的交易成绩，今后的经营活动也不容乐观。

作为一名营销人员，我们必须想办法最大限度地利用曾经有过合作经历的优势，避免出现竞标的情况。

所以，我们可以按照前、中、后的结构设计演说。

◆前期阶段的应对策略

· 调查是否有竞标的可能

· 确认演说结束后的流程（签约、购买、交货等）

◆中期阶段的应对策略

·以顾客的视角构思演说的结构

·确保演说内容没有纰漏

·不仅要宣传商品，还要宣传公司的实力和自身的热情

·在演说结论部分明确日期和进度

◆后期阶段的应对策略

·不要静等演说的结果，而要征询客户对企划方案的印象

·如果演说时有不足与过度，事后应立即弥补

如此构思对策，顾客会很难向其他公司发出邀请，我们也能通过演说让顾客感受到我们的热诚。

演说采用"序论""本论""结论"三段的论法

"演说的方法"和制订演说流程的"结构设计能力"，是笔者最希望大家在营销演说中磨炼的两大技能。

我们可以通过比较简单的方法解决话语结构的问题：将话题分为"序论""本论""结论"三块。

这个方法的优点，在于它能使谈话内容清晰易懂。

还有一种四段论，根据"起""承""转""结"将演说分为四个部分。笔者试过几次，用"起"与"承"区分引入部分略感复杂，个人觉得不大适用。如果采用三段论法，演说的结构能变得简明扼要，方案的主旨也非常稳定。

那么，我们应该在"序论""本论""结论"中分别放入哪些内容呢？

◆序论

似乎有很多营销人员认为演说时向听众致意的寒暄就是"序论"。一个有说服力的演说，"序论"是"本论"的序曲。序论的最大目的在于吸引听众的兴趣和关注。

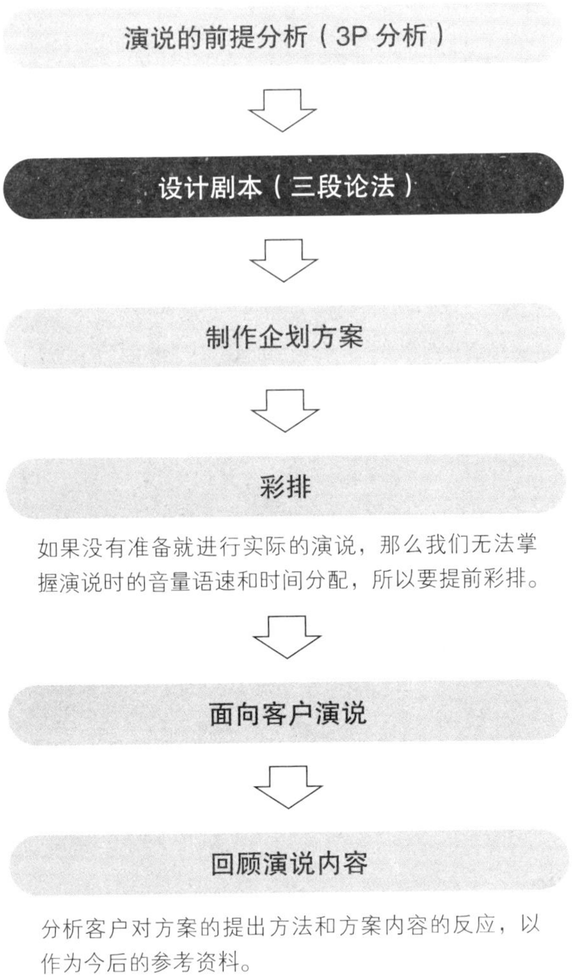

演说的前提分析（3P 分析）

⬇

设计剧本（三段论法）

⬇

制作企划方案

⬇

彩排

如果没有准备就进行实际的演说，那么我们无法掌握演说时的音量语速和时间分配，所以要提前彩排。

⬇

面向客户演说

⬇

回顾演说内容

分析客户对方案的提出方法和方案内容的反应，以作为今后的参考资料。

图32 演说的准备、实施步骤

◆本论

这是企划方案的中心部分。"本论"中我们要介绍公司的产品和服务，但本论的重点在于要点集中、总结简明。

◆结论

和序论一样，似乎许多营销人员认为"结论"时应说一些结束的寒暄语。但其实结论的重点在于明确告知客户"何日何时之前"应该做"何事"，让对方行动起来。

实际进行演说时，仅采用三段论的方法设计结构还不足以形成一个完美的演说。我们在演说时要让客户对产品有深入的理解，让内容更具说服力，并且不能给其他公司提出方案的机会。

面对头回客，"序论"更不能少

"序论"关系到演说的成败。根据我的个人经验，一个好的序论，意味着演说已经获得了八分成功。

"序论"的最大目标在于抓住对方的兴趣点和关注点。"序论"要强调以下三点：

· 方案的概述
· 给客户带去的利益
· 自己的见解

看了这三点，你是否会觉得奇怪？

没错，对客户的问候、演说时的感谢、方案成型的背景等全都不包含在序论里。

这样做有其原因，如果从寒暄或介绍背景入手，演说的铺垫会变得冗长，客户会觉得无聊。

为了不出现这种状况，为了让我们的演说更加有效果，"序论"要包含以下目的。

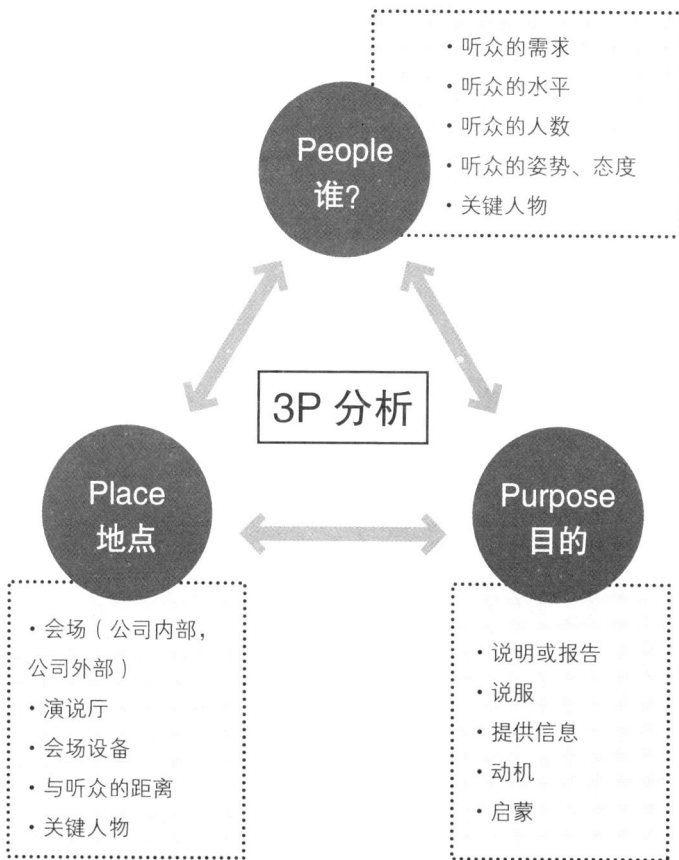

图33 演说的前提分析(3P分析)

- 让听众事先了解演说的整体框架
- 让听众对方案内容产生兴趣和关注
- 让听众集中注意力聆听自己的演说

为此，我们首先要把寒暄语和"破冰"环节从演说的内容中拿出来移至"开场白"环节，制订以下流程：

"开场白"→"序论"→"本论"→"结论"

　　要明确区分"开场白"与"序论"。"开场白"除了有寒暄语和感谢词，还要加入以下内容用于说明演说的进行方式：

　　"感谢各位在百忙之中抽出时间莅临……"
　　"我想在 30 分钟内陈述我的方案。"
　　"届时如果您有不明之处，请随时提问。"

　　接下来，我们就从"开场白"进入"序论"部分。
　　如果"序论"能吸引客户，那么他们会聆听"本论"。但如果"序论"太过详细，客户便会丧失期待感，所以这部分的时间分配大约占整体演说时间的 10%。

最好的"本论"是"和客户对话"

营销人员最需下功夫的就是"本论"部分。

"本论"中，营销人员要结合顾客的问题提出解决方案，强调公司商品的必要性。

接下来笔者要介绍一下演说中的"五个陷阱"，请大家注意。

· 自己想说的内容与听众想听的内容不一致

· 演说变成了单纯的产品介绍

· 演说内容以产品规格和使用方法为中心

· 沉浸在宣读方案书中

· 没有表现出公司与客户之间的关系

营销人员进入"本论"时要注意以上五点，同时眼神绝对不能离开客户。这是为了在演说的同时观察客户在听到何种内容时做出了何种反应。根据客户的反应，我们可以改变说明的方式和顺序，这样能使演说的效果更好。

"本论"内容较多，使用时间占整个演说时间的八成左右，所以我们要把主旨和要点清晰地传达给客户，在他们脑海里留下深刻印象。

笔者希望大家一定要掌握"本论"的演说方法：将要点总结为 3 个，然后做具体说明。

这叫作"魔力数字 3"，因为人对总结成 3 个的要点最有理解能力，也会积极地获取其内容。

如果只有 1 个、2 个要点则略显不足，如果听到"这个商品有 8 个特征"又会听了后面忘了前面。数字 3 会给人一种安定的感觉，被广泛应用在演说中，请大家一定记住这一点。

由"结论"导出下一步行动

下面笔者要分析一下演说的最后一个部分——"结论"。我们先看一个演说中常见的"结论"案例。

这是笔者与某公司的员工一起开展营销活动时的事情。N因一直负责询问客户意见和建议，所以获得了介绍产品的机会。

N进入"序论"时很顺利，客户也是一边点头一边聆听，那时笔者内心几乎认定"一定能成功"。"本论"也简洁明了，逻辑清晰，然后N进入了"结论"。

N："诸位已经理解了方案的主要内容了吧？"
客户："你总结得很好。"

客户们对N也赞不绝口。正当众人期待N会导出何种结论时，传来的话让人几乎不敢相信自己的耳朵。

N："感谢诸位的聆听，请各位考虑考虑。"

笔者大吃一惊，不由得望向了邻座的N。他一脸平静，带着几分满足的表情开始收拾摊开的企划方案书，演说也到此结束。

各位，你们看出问题所在了吗？

N 的问题在于几乎没做总结。如果听众的理解能力很强，或有解决问题的强烈动机，那么 N 的演说或许足以拿下订单。

但如果是竞标或客户解决问题的欲望不强烈，那么 N 就要白白错过大好时机了。

"结论"一定要包含以下三点：

· **再次确认要点**

· **敦促客户行动起来**

· **传达营销人员自身的看法**

想必有很多营销人员在演说时如果结束"本论"，就认为"最难搞定的部分已经过去了"而放松下来。从紧张感和尽快结束演说的急切心情中解脱出来后，便将"结论"的内容抛之脑后。

演说是引导顾客通向"结论"这个终点的一种传递手段。如果以拿订单为目标，那么在演说时必须牢记从开场白至"结论"的所有流程。

顺便提一句，刚才列举的 N 的事例，虽然竞标也是影响因素之一，但很遗憾，他最终没有拿到订单。

	构成	概要	重点
1	整理现状问题	整理客户对产品抱有的显在、潜在问题	以客户的视角多方面寻找客户对产品的不满
2	方案的要点	概述方案的方向性	是否获得了解决课题的启示？
3	解决方法	通过何种方法、如何解决	解决方法是否与课题明确呼应？
4	客户享受的利益	通过实施方案，能给客户带去的利益	解决方案带来的预期效果是否能给客户带去好处？客户对这些好处是否满意？
5	实施方法和实施计划	实施方法及运用这种方法的体制	实施计划是否经过了缜密的设计而非预期观测？
6	预算	实施方案的必要预算	在何处使用多少费用？预算划分的表示方法是否能说服客户？

表2 "本论"的构成及概要

提高演说效果的心理技巧

相信大家已经明白，要提高接单的概率或增强推销的效果，提高演说技巧、提升演说内容非常重要。除此之外，灵活运用心理效应也能有效地提高演说的效果。

尤其是面对曾经合作过的客户，因为我们对他们已经有了一定程度的了解，所以会有几点优势。请大家一定要灵活运用这些心理效应。

◆休眠效应

这种方法适用于方案或演说进展不顺利的场合。一般而言，如果营销人员在商谈或演说时不受客户好评，那么之后面对客户时会深感棘手，敬而远之。

但"休眠效果"可以扭转局面，让客户再度回到谈判桌上。

这种方法对以下情况有效：

- ·与对方的信任关系不深
- ·对方并非十分信任我方
- ·提出方案或开展经营活动时被客户当场否决

提出方案后经过一定时间，成交双方的交流会搁浅，客户对方案本身只留有稀薄的印象，而"休眠效果"则是让客户事

后肯定我们的心理效果。

如果提出方案时进展得不顺，我们可以稍微冷却一段时间再联系客户，这个心理效应或许会发挥作用。但前提是我们的方案一定要有高品质的内容。

◆ 赛安斯效应／纯粹接触效应

"赛安斯效应"是一种人际交往法则，指的是随着接触机会的增加，对方会对我们逐渐产生好感。

提出方案时我们不要坐等客户的回复，我们应该想办法主动增加包括商谈在内的接触机会。

赛安斯效应又叫"纯粹接触效应"，营销界有句名言"营销，其实是用脚走出来的"，讲的就是这个效应。

◆ 单方面提示、双方面提示的说话技巧

我们应该采用何种方式向顾客宣传产品的特征？如果我们选择结合客户实际情况的宣传方法，那么对方会对我们的演说表示出强烈兴趣，或对我们信任有加。

假设宣传同一产品的特征，有以下两种方法：

（只说好处的单方面提示）
"这件商品是前所未有的轻薄化产品。"

（好坏方面都说的两方面提示）

"这件商品因为使用了塑料素材，因而重量大幅减轻。"

"单方面提示"在以下状况会取得效果：

- 对方缺乏商品和业界的相关知识、经验
- 对方对方案内容不够关心
- 对方非常怕麻烦

实施方法

- 极力避免触及坏处，只说好处
- 用短句反复强调好处
- 自始至终着力说明好处，同时传达出自己的热情

"双方面提示"则适用于以下情况：

- 对方拥有丰富的知识和经验
- 对方非常注重理论

实施方法

- 陈述时不仅要说好处，也要涉及坏处
- 给对方正直和诚实的印象
- 对方购买后少有索赔情况，信任感增加

刚才笔者介绍了几种易行且具有代表性的心理效应。当然，还有其他应用心理效应的营销方法。

面对有过一次交易记录的客户，因为我们对其有一定程度的了解，所以在营销中我们占有绝对的优势。此外，因为我们了解对方，所以易于利用这样的心理效应，请大家一定要最大限度地运用它们。

译后感

2010 年，译者获得前往日本留学的机会，目的地是神奈川县小田原市。这个地处太平洋沿岸、在日本战国时期做为北条氏大本营而发展起来的城下町，至今仍弥漫着浓厚的古风余韵，在街角巷尾走上五步、十步就能遇见门面拙朴却历史悠久的老店，贩卖当地的特产梅干、水产品、调味品等，小田原市观光协会甚至推出过"小田原市百年老店游"的旅游项目。之后我因"日本百年老店的经营理念"研究课题的需要，有幸获得了采访其中几家百年老店的机会，在这里我仅摘取几家店的采访内容。

"江岛屋"，专卖日本纸和茶叶的老店，创业于 1661 年。历代店长都把"人与人的联系"做为商业成交的基本准则，注重店家与顾客之间的关系。

"山田吴服店"，创业于 1850 年。第四代店主山田彰夫恪守着工匠的责任感："做为一名工匠，为顾客提供建议，按照顾客的预算推荐最适合顾客的服务，这是我的责任。"

"笼常"，经营木鱼花等水产品，创业于 1893 年。"客户本位"是该店的经营方针，笼常在保持传统产品质量的基础上，针对客户的喜好不断开发新产品，如生产鲣鱼和混合了海带的木鱼花等。

"松坂屋"，西式点心店，创业于 1916 年。走进店里就能看到写有该店经营理念的大牌子——"珍视传统风味与待客之心"。该店要求所有员工在推销时对顾客一律平等，先询问顾客的需求再进行推销。该店还会定期为店员展开培训，让店员时刻牢记"站在顾客的角度，了解顾客所需"。

小田原市的人口密度并不高，当地居民的年龄层以 40 岁～60 岁居多。虽然近年来该市逐渐成为日本东海道上的观光城市，但支撑着以上百年老店屹立不倒的最大客户群无疑是当地居民，即回头客。从上面的采访节选中我们也能看出，这些已经存在了百年以上的老店是如何珍视老顾客的。"把头回客变成回头客"，译者认为，这是日本大多数百年老店得以存活的一大法宝。不仅是百年老店，只要一个企业有做大、做强的目标，培养回头客就一定是该企业的重要任务。例如东京迪斯尼乐园，与全球其他迪斯尼乐园相比，它拥有更强大的"粉丝"后盾，开业 26 年以来接待的几乎都是回头客。

本书做为东方出版社针对服务业和制造业"双百工程"战略下的出版丛书之一，是日本知名营销培训师村山哲治的营销理念的结晶。村山哲治对营销活动进行了二十余年的研究，提倡通过培训激发营销人员的"人格魅力"并通过这种"人格魅力"提升企业的经济效益。村山哲治的营销理念被日本各大企业奉为经典。本书中，村山哲治在开头就提出了自己的观点："从现在开始，放弃开发新客户""把头回客变成回头客"！

那么，如何培养回头客呢？作者首先提出了一个新的方法：把营销活动想象成舞台上的一出剧，演员（营销人员）必须编写好剧本、多次彩排后才能真正走上台与观众（客户）见面。在这个核心方法确定以后，营销人员可以通过锻炼四种能力——"提问的能力""洞察的能力""推销的能力""演说的能力"让编写好的剧本成功上演。

与其他同类作品相比，我认为本书的最大特点在于"系统性"和"可操作性"。

首先，本书的"系统性"体现在作者有理有据地提出了自己的观点，同时为实践自己的观点提出了具体的方法。作者认为，开发新客户不仅会耗费营销人员的体力和精力，并且会耗费过多成本，所以营销人员可以把工作重心从开发新客户转移到培养回头客。而对于具体的做法，作者提出了"一个核心方法＋四个能力"的营销手段。

其次，本书的"可操作性"体现在作者根据多年的实际营销经验及开办营销研修课程的经验，假设出多种营销情景，列举出大量营销工作中的正确与错误的案例，让每一位营销人员都能在书中对号入座，找到自己的优点继续保持，找到自己的不足加以弥补。例如在设计营销剧本时，作者假定出五种情景：成交后没有任何进展时、成交后客户持续订购老产品时、客户偶尔主动联系时、接手其他营销人员的客户时、因索赔导致成交双方绝交时的情景，每一种情景下作者都告知了设计营销剧本时的注意点和要点，以便营销人员活学活用。

村山哲治营销课堂的效果究竟如何？除了业界的大力肯定之外，我们还可以一起来听听学员的心声。

"我一直认为自己缺乏想象力，但通过研修课程，我真切地感受到自己其实可以想出许多点子。"

"通过多次的研修课程，学员之间的交流更加融洽，成为公司内部重要的人际关系网。"

"以前我特别不擅长在众人面前说话，现在我逐渐有自信抬起头来好好说话。"

"我以前和客户交谈时，总是一边说话一边想着接下来的话题，现在我要养成一个新的习惯，先设想好故事再和客户交流。"

愿读完本书的你，也能向上述学员一样感受到自己的点滴的进步。

愿读完本书的你，能爱上营销工作，能干一番让顾客真正满意的营销事业。

姜瑛

北京邮电大学人文学院

"服务的细节"系列

《卖得好的陈列》：日本"卖场设计第一人"永岛幸夫
定价：26.00元

《为何顾客会在店里生气》：家电卖场销售人员必读
定价：26.00元

《完全餐饮店》：一本旨在长期适用的餐饮店经营实务书
定价：32.00元

《完全商品陈列115例》：畅销的陈列就是将消费心理可视化
定价：30.00元

《让顾客爱上店铺1——东急手创馆》：零售业的非一般热销秘诀
定价：29.00元

《如何让顾客的不满产生利润》：重印25次之多的服务学经典著作
定价：29.00元

《新川服务圣经——餐饮店员工必学的52条待客之道》：日本"服务之神"新川义弘亲授服务论
定价：23.00元

《让顾客爱上店铺2——三宅一生》：日本最著名奢侈品品牌、时尚设计与商业活动完美平衡的典范
定价：28.00元

《摸过顾客的脚才能卖对鞋》：你所不知道的服务技巧，鞋子卖场销售的第一本书
定价：22.00 元

《繁荣店的问卷调查术》：成就服务业旺铺的问卷调查术
定价：26.00 元

《菜鸟餐饮店 30 天繁荣记》：帮助无数经营不善的店铺起死回生的日本餐饮第一顾问
定价：28.00 元

《最勾引顾客的招牌》：成功的招牌是最好的营销，好招牌分分钟替你召顾客！
定价：36.00 元

《会切西红柿，就能做餐饮》：没有比餐饮更好做的卖卖！饭店经营的"用户体验学"。
定价：28.00 元

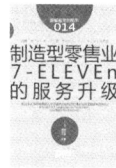

《制造型零售业——7-ELEVEn 的服务升级》：看日本人如何将美国人经营破产的便利店打造为全球连锁便利店 NO.1！
定价：38.00 元

《店铺防盗》：7 大步骤消灭外盗，11 种方法杜绝内盗，最强大店铺防盗书！

定价：28.00 元

《中小企业自媒体集客术》：教你玩转拉动型销售的 7 大自媒体集客工具，让顾客主动找上门！

定价：36.00 元

《敢挑选顾客的店铺才能赚钱》：日本店铺招牌设计第一人亲授打造各行业旺铺的真实成功案例

定价：32.00 元

《餐饮店投诉应对术》：日本 23 家顶级餐饮集团投诉应对标准手册，迄今为止最全面最权威最专业的餐饮业投诉应对书。

定价：28.00 元

《大数据时代的社区小店》：大数据的小店实践先驱者、海尔电器的日本教练传授小店经营的数据之道

定价：28.00 元

《线下体验店》：日本 "体验式销售法"第一人教你如何赋予 O2O 最完美的着地！

定价：32.00 元

《医患纠纷解决术》：日本医疗服务第一指导书，医院管理层、医疗一线人员必读书！ 医护专业入职必备！
定价：38.00 元

《迪士尼店长心法》：让迪士尼主题乐园里的餐饮店、零售店、酒店的服务成为公认第一的，不是硬件设施，而是店长的思维方式。
定价：28.00 元

《女装经营圣经》：上市一周就登上日本亚马逊畅销榜的女装成功经营学，中文版本终于面世！
定价：36.00 元

《医师接诊艺术》：2 秒速读患者表情，快速建立新赖关系！ 日本国宝级医生日野原重明先生重磅推荐！
定价：36.00 元

《超人气餐饮店促销大全》：图解型最完全实战型促销书，200 个历经检验的餐饮店促销成功案例，全方位深挖能让顾客进店的每一个突破点！
定价：46.80 元

《服务的初心》：服务的对象十人百样，服务的方式千变万化，唯有，初心不改！
定价：39.80 元

《最强导购成交术》：解决导购员最头疼的 55 个问题，快速提升成交率！
定价：36.00 元

《帝国酒店——恰到好处的服务》：日本第一国宾馆的 5 秒钟魅力神话，据说每一位客人都想再来一次！
定价：33.00 元

《餐饮店长如何带队伍》：解决餐饮店长头疼的问题——员工力！ 让团队帮你去赚钱！
定价：36.00 元

《漫画餐饮店经营》：老板、店长、厨师必须直面的 25 个营业额下降、顾客流失的场景
定价：36.00 元

《店铺服务体验师报告》：揭发你习以为常的待客漏洞　深挖你见怪不怪的服务死角　50 个客户极致体验法则
定价：38.00 元

《餐饮店超低风险运营策略》：致餐饮业有志创业者 & 计划扩大规模的经营者 & 与低迷经营苦战的管理者的最强支援书
定价：42.00 元

《零售现场力》：全世界销售额第一名的三越伊势丹董事长经营思想之集大成，不仅仅是零售业，对整个服务业来说，现场力都是第一要素。

定价：38.00 元

《别人家的店为什么卖得好》：畅销商品、人气旺铺的销售秘密到底在哪里？到底应该怎么学？人人都能玩得转的超简明 MBA

定价：38.00 元

《顶级销售员做单训练》：世界超级销售员亲述做单心得，亲手培养出数千名优秀销售员！日文原版自出版后每月加印 3 次，销售人员做单必备。

定价：38.00 元

《店长手绘 POP 引流术》：专治"顾客门前走，就是不进门"，让你顾客盈门、营业额不断上涨的 POP 引流术！

定价：39.80 元

《不懂大数据，怎么做餐饮？》：餐饮店倒闭的最大原因就是"讨厌数据的糊涂账"经营模式。

定价：38.00 元

《零售店长就该这么干》：电商时代的实体店长自我变革。

定价：38.00 元

《生鲜超市工作手册蔬果篇》：海量
图解日本生鲜超市先进管理技能
定价：38.00 元

《生鲜超市工作手册肉禽篇》：海量
图解日本生鲜超市先进管理技能
定价：38.00 元

《生鲜超市工作手册水产篇》：海量
图解日本生鲜超市先进管理技能
定价：38.00 元

《生鲜超市工作手册日配篇》：海量
图解日本生鲜超市先进管理技能
定价：38.00 元

《生鲜超市工作手册副食调料篇》：
海量图解日本生鲜超市先进管理技能
定价：48.00 元

《生鲜超市工作手册 POP 篇》：海量
图解日本生鲜超市先进管理技能
定价：38.00 元

《日本新干线 7 分钟清扫奇迹》：我们
的商品不是清扫，而是"旅途的回忆"
定价：39.80 元

《像顾客一样思考》：不懂你，又怎
样搞定你？
定价：38.00 元

《好服务是设计出来的》：设计，是对服务的思考

定价：38.00元

《让头回客成为回头客》：回头客才是企业持续盈利的基石

定价：38.00元

《餐饮连锁这样做》：日本餐饮连锁店经营指导第一人

定价：39.00元

《养老院长的12堂管理辅导课》：90%的养老院长管理烦恼在这里都能找到答案

定价：39.80元

《大数据时代的医疗革命》：不放过每一个数据，不轻视每一个偶然

定价：38.00元

《如何战胜竞争店》：在众多同类型店铺中脱颖而出

定价：38.00元

更多本系列精品图书，敬请期待！